AF553905

Das Heldenbrevier der Flusslande

Reiseberichte aus dem Kosch und den Nordmarken

Impressum

Verlagsleitung
Markus Plötz

Redaktion
Nikolai Hoch

Autor
Carolina Möbis

Lektorat
Johannes Kaub

Korrektorat
Claudia Waller

Künstlerische Leitung
Nadine Schäkel

Coverbild
Janina Robben und Nadine Schäkel

Innenillustrationen
Katharina Niko

Satz, Layout und Gestaltung
Nadine Hoffmann, Thomas Michalski

ISBN 978-3-95752-648-9

Artikel-Nr.: US25214

Printed in EU 2018

Das Heldenbrevier der Flusslande

Reiseberichte aus dem Kosch und den Nordmarken

von

Carolina Möbis

mit Dank an
Tina Hagner, Daniel Simon Richter.

Inhalt

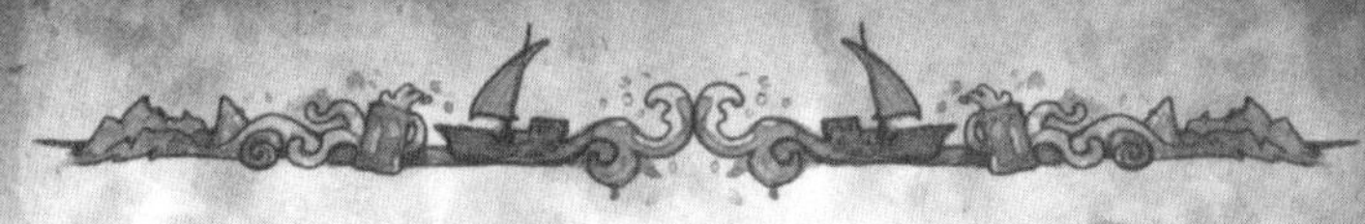

Prolog

Der Preis des Sieges

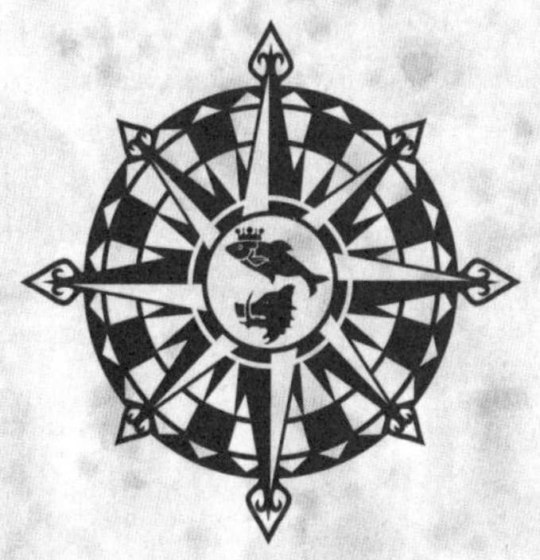

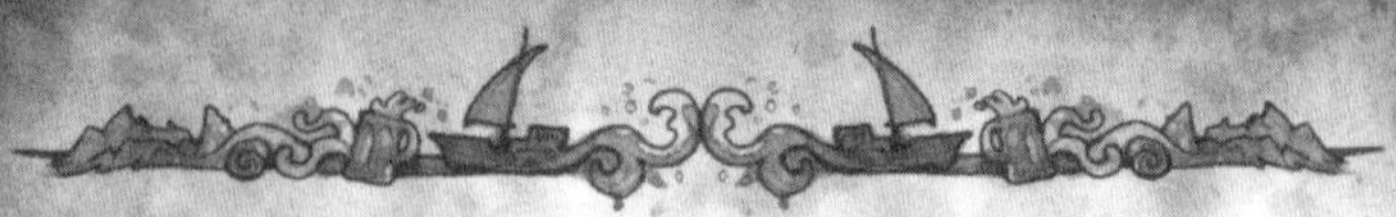

»Liebe Tochter, anlässlich Deines baldigen ersten Tsatags und des Bezugs unserer neuen Heimstatt, beginne ich nun, Dir die Dinge aufzuschreiben, die sich vor Deiner Geburt zugetragen haben und dennoch Wurzeln sind im Baum Deines Lebens. Du kannst nichts für die Ereignisse, weder wurdest Du gefragt, noch konntest Du entscheiden, und dennoch werden sie Dich formen, so wie sie auch mich formten. So sollst Du die Geschichte Deiner Familie erfahren, wenn Du alt genug bist zu verstehen und hoffentlich zu einer starken jungen Frau gereift bist. Ich werde, so die Götter es wollen, an Deiner Seite sein, Dich treu begleiten und Dir all dies mit eigener Zunge berichten, doch haben vergangene Jahre gezeigt, dass das Leben flüchtig ist und allzu schnell sein Ende finden kann. Für den Fall, dass ich nicht bei Dir sein kann, wenn die Zeit gekommen ist, Dir alles zu berichten, schreibe ich diese Zeilen nieder, auf dass sie Dir Stern und Pfad sind auf der unwegsamen Reise durch das Leben.

Unsere Geschichte begann vor vielen Jahrzehnten, als ein schmucker Knappe in Liebe zu einer braven Magd entbrannte. Beide waren jung, leidenschaftlich und einander herzlich zugetan, doch standen Umstände zwischen ihnen, die größer waren als sie.

Der zukünftige Rittersmann war kein Geringerer als Answin Roland vom Berg aus dem einflussreichen Geschlecht derer vom Berg. Die junge Magd war Eichlieb Trudwenger, Deine Urgroßmutter. Sie war, wie wir, eine Tochter der Wälder, eine

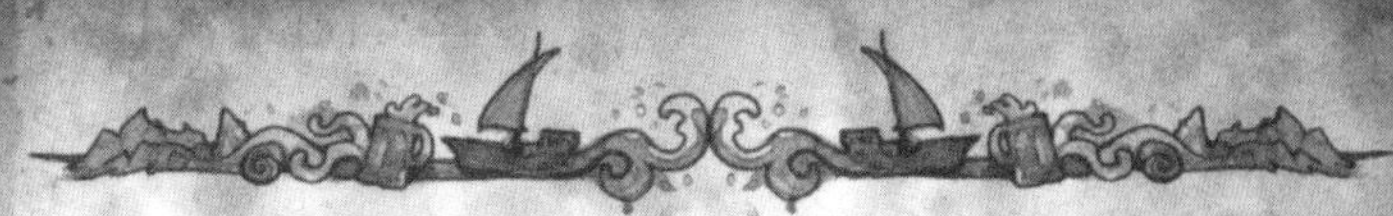

weise Frau und damit nicht gern gesehen in den Stuben der Rechtsgelehrten und den Tempeln des Himmelskönigs. Ihr junger Knappe hingegen entstammte eben jener Welt voll spröder Frömmigkeit für den Götterfürsten und die Donnernde.

Ihre Liebe war, wie junge Liebe zu sein pflegt: bedingungslos. Doch letztlich stand nicht nur der Glaube zwischen ihnen, sondern auch die Welt. Sein Stand erlaubte ihm nicht, eine Frau aus dem Volk zu ehelichen. Sie wollte frei von allen Zwängen leben, um ganz der Schwester zu dienen. So brach zwar nie ihre Zuneigung, doch die Hoffnung, ihr Leben gemeinsam führen zu können, gaben sie auf.

Als Answin den Ritterschlag erhielt, kam auch die Stunde der Trennung. Sie schieden unter Tränen voneinander, und es war ihnen nicht bestimmt, einander noch einmal wiederzusehen, doch sollte ein Unterpfand stummes Zeugnis ablegen von dem Geheimnis, das beide fortan im Herzen trugen.

So schenkte Answin Deiner Urgroßmutter eine Helmzier. Du kennst sie, sie steht auf dem Regal gegenüber dem Hausschrein. Sie zeigt einen blühenden Kirschzweig, ein Symbol ihrer Liebe. Geschnitzt wurde sie aus dem Knochen eines großen Tiers, das weit im Norden lebte, wahrscheinlich, weil sich die Leute im Norden so sehr nach dem Frühling sehneWas Eichlieb ihrem Ritter schenkte, bleibt ihr Geheimnis und seins. Gut möglich, dass er es

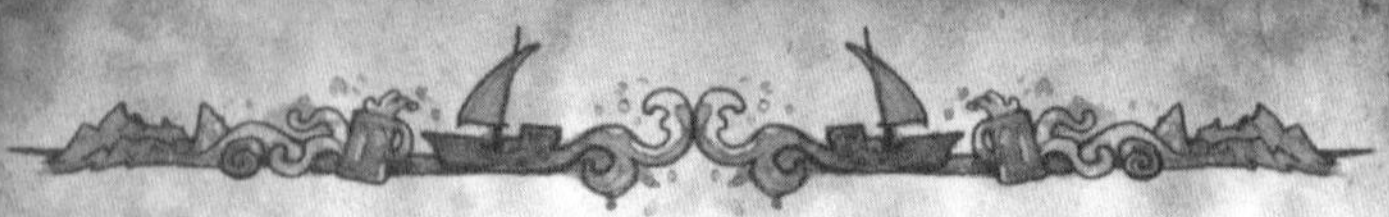

mit ins Grab nahm. Die Helmzier jedoch ist nun unser Familienerbe. Sie bringt uns Frauen Glück. So sagte es Urgroßmutter jedenfalls. Und wir können es brauchen, denn, wie es scheint, bleiben wir stets ohne Mann. Ich glaubte einmal, ich könne von diesem Weg abweichen. Doch das Schicksal holt jeden ein, und so wirst auch Du ohne Vater aufwachsen, wie Deine Mutter und Deine Großmutter vor Dir. Ich werde Dir all die Stütze sein, die Du brauchst, so wie es meine Mutter für mich war.

Du ahnst es bereits, Deine Großmutter, meine Mutter war Answins und Eichliebs Tochter. Ihr Vater hat nie von ihrer Existenz erfahren, und eingedenk ihrer zauberischen Fähigkeiten, die ebenso stark waren wie Urgroßmutters und meine, war das vielleicht am besten so.

Nun scheint alles gut geworden, Urgroßmutter war eine starke Frau, Großmutter ebenso, und auch ich bin stark geraten, genauso wie Du es sein wirst.

Dennoch muss wohl etwas an der Geschichte nicht zu Ende gebracht worden sein. Und das Leben mag keine unvollendeten Geschichten. Dann sorgt es dafür, dass die Ereignisse sich wiederholen, bis eine Lösung gefunden wird. Dein Vater mein Kind, war ein Ritter.

Und ich liebte ihn so sehr. Ich weiß, dass er für mich ebenso innig empfand. Er war nicht von so hohem Stand wie Dein Urgroßvater, aber dennoch kann er nicht bei uns sein. Und auch er sollte zeitlebens nicht erfahren, dass er eine Tochter hat.

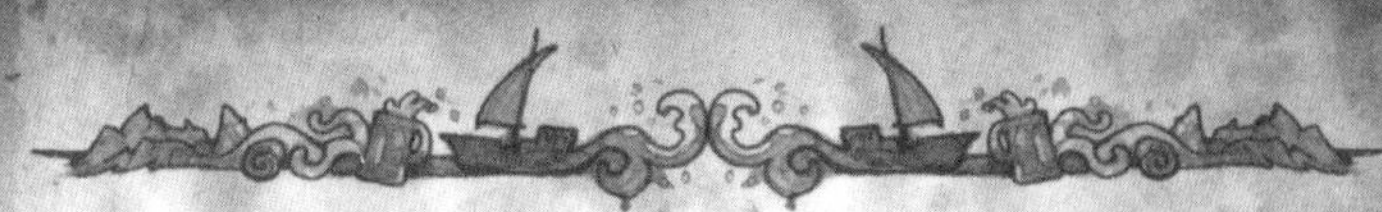

Doch nicht die Standesunterschiede, die Magie oder die Götter haben ihn uns genommen. Sondern der Krieg.

Kurz nach Deiner Zeugung rief die Kaiserin zum Kampf gegen die verderbte Fürstkomturei Tobimora. Und der Herzog der Nordmarken folgte. Mit ihm zogen seine Barone und Ritter gen Tobrien, um dort gegen die Schatten und für das Mittelreich zu streiten. Zahlreiche Garderegimenter wurden entsandt, der Heerhaufen der Grafen, ja sogar die Flussgarde schickte Reiter, Hellebardiere und Schützen. Dein Vater zog mit seiner Schwadron schwerer Reiter gen Osten. Er fiel in der Schlacht von Eslamsbrück. Helmfried hat es mir berichtet.

Die Kaiserin mag Mendena erobert und Tobrien befreit haben, doch sie ist fern, und die Geschichtsbücher werden die Qualen vergessen, die dieser Sieg uns beschert hat. So wie auch unser Nordmärker Adel vergisst. Denra, die Bäckerin, die ihren Mann ebenfalls an der tobrischen Front verloren hat, erzählt, dem Herzog sei es vor allem darum gegangen, sich vor der Kaiserin hervorzutun und seinen Wettstreit mit Prinz Arlan zu pflegen. Es mag ein böses Gerücht sein, was wissen wir einfachen Menschen schon über die da oben auf ihren Burgbergen.

Dafür haben wir, die Koscher und Nordmärker, nun die Zeche zu zahlen. Wir schnitzen Boronsräder und hängen sie über dem Türstock oder an Wegesrändern auf, weil uns von unseren Lieben nicht einmal ein Leichnam geblieben ist, den wir begraben können. Und wir können nur zum Herrn Bo-

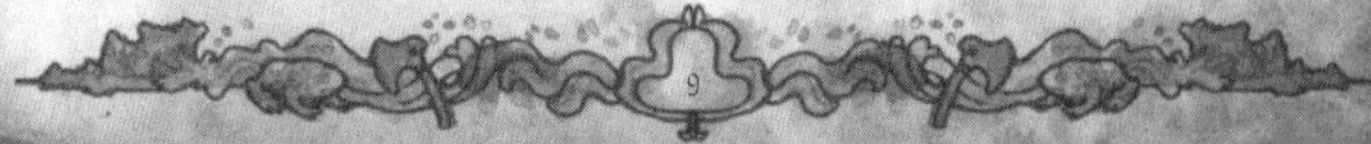

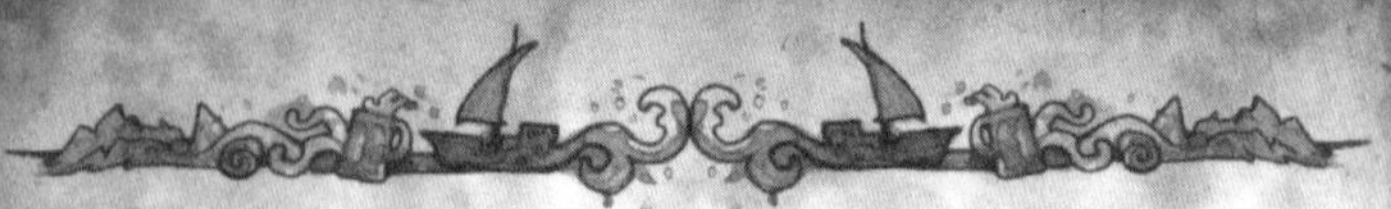

ron beten, dass er unsere Liebsten in sein Reich führt und sie nicht auf den verfluchten Stätten der Warunkei einsam wandeln müssen, ohne Ruhe zu finden.
Doch trauere nicht, um das, was Du nicht ändern kannst. Ich weiß, dass Du eine findige Natur sein wirst, so wie Deine Mutter.
Unser altes Zuhause barg so viele Erinnerungen an ihn, die ich, zumindest im Augenblick, nicht in ihrer Fülle ertragen konnte. Ich fand in den Wochen nach Erhalt der Todesnachricht kaum Ruhe und lediglich Männer, die allesamt nicht mit Deinem Vater mithalten konnten und mir nichts bedeuteten. Viele glauben, dass eine verwitwete Frau nur darauf wartet, dass der Erstbeste sie glücklich macht. Und ich gestehe, in einigen schwachen Stunden habe ich mich sogar hinreißen lassen, dieses erlogene Glück zu suchen. Wenn Du ein wenig größer bist, wirst Du verstehen, was ich meine.
Doch mir graut es davor, dass einer von diesen tumben Galanen sich irgendwann anmaßt, dass Du ihn Vater nennst.
Daher habe ich Dich und unsere sieben Sachen gepackt, um mit Dir hier neu anzufangen. Deine Großmutter stammt aus Koschtal und so sind wir zwei nun in den Schoß der Familie zurückgekehrt, wo wir Trost und Geborgenheit finden.

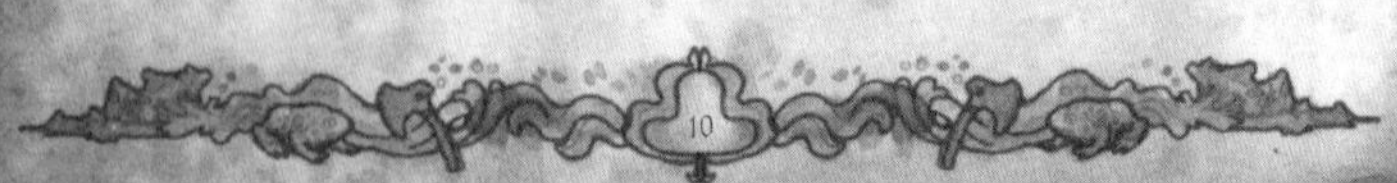

Du wirst das harte Leben kennen, aber auch stets Mut, Kraft und Stolz in Dir finden: Mut wie ihn Dein Vater hatte, Kraft wie die Schwesternschaft des Koschs sie hat und Du wirst viel erreichen, worauf Du stolz sein kannst.

In Liebe,
Deine Mutter«
—aus den Schriften der Madalind Trudwenger
Tsa, im Jahre 1040 BF

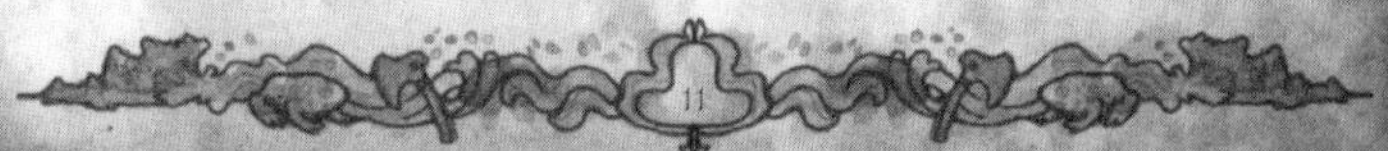

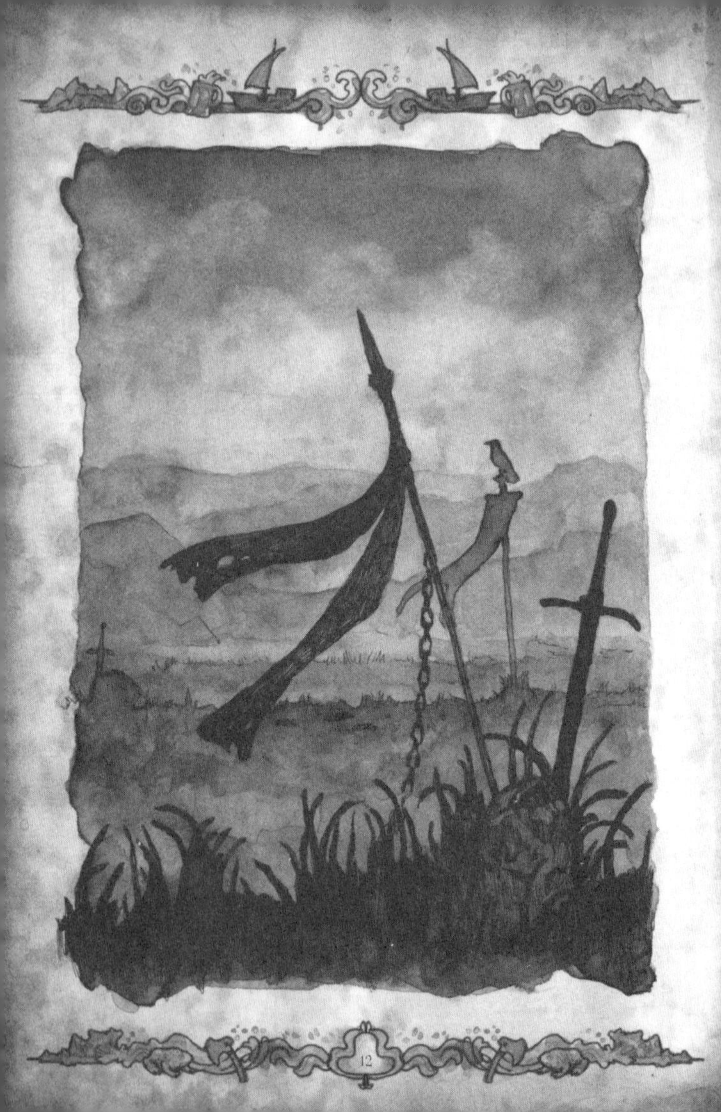

I

Im Auftrag des Herzogs

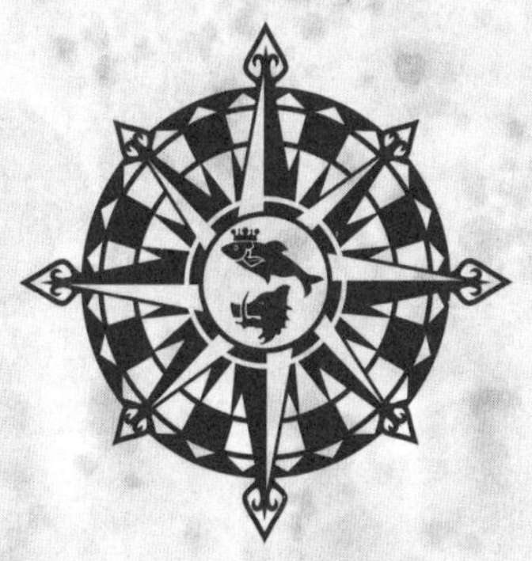

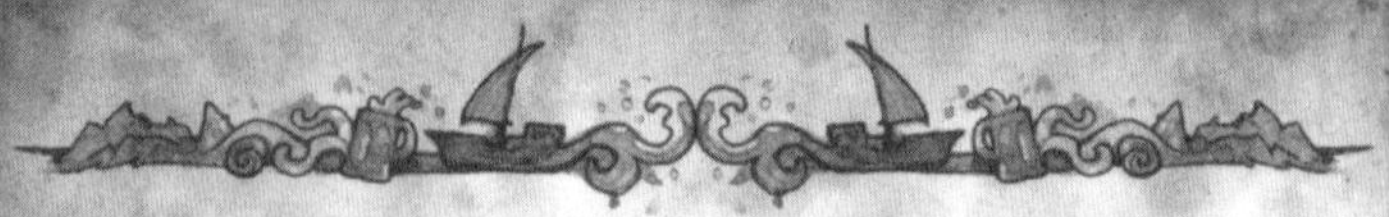

Aus den Aufzeichnungen der Inquisitorin Aurane von Weiseprein Elenvina, 8. Phex, 1040 BF

Schon von Weitem strahlt dem Reisenden, der über den Großen Fluss nach Elenvina möchte, auf der Jast-Gorsam-Brücke die goldene Kuppel der Wehrhalle entgegen. Der Tempel vertritt schließlich nicht umsonst den Anspruch, der größte Praiostempel der Nordmarken zu sein. Diese Begrüßung verheißt jedem Neuankömmling unmissverständlich, dass der Blick des Götterfürsten auf Elenvina ruht.

Ich folgte einem Ochsenkarren, der Kohl und Wurzelgemüse von den fruchtbaren Äckern des Elenviner Lands und Mehl aus dem Gratenfelser Becken in die Stadt brachte. Gelassen lenkte die Bäuerin auf dem Kutschbock ihre Tiere durch den hektischen Strom von Passanten auf der breiten Brücke. Zwei Kiepenträger und ein junger Bauer, der schwer an einem Korb voller Winteräpfel schleppte, schlossen sich mir im Kielwasser des Karrens an. Sie gaben sich alle Mühe, mich vor unliebsamen Zusammenstößen zu schützen. Ohne dass ich ein Wort sagen musste, hatte ich meine eigene kleine Eskorte. Rechter und linker Hand drängten sich Passanten, hin und wieder drängte ein waghalsiger Reiter sein Pferd durch die Menge.

Zum ersten Mal betrat ich die Stadt auf diesem Weg. Die Brücke war erst wenige Jahre alt, aber dem Gedränge nach erfreute sie sich bereits großer Beliebtheit.

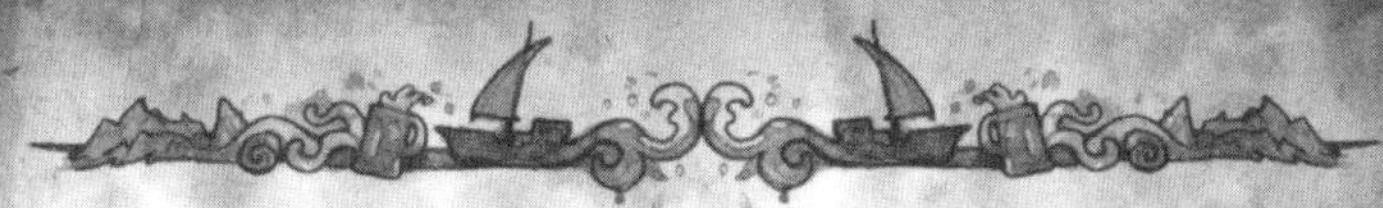

Überhaupt wächst die Herzogenstadt wie ein Knabe, dem der erste Flaum am Kinn sprießt. Eigens für die Reichverwaltung wächst mit dem Kanzleiviertel ein gänzlich neuer Stadtteil aus dem Boden. Die neuen Dächer glänzen frisch wie junge Pilzkappen im Efferdmond. Klein-Gareth nennt es Großmutter in ihren Briefen. Wahlweise auch Mörtelgrab und Maurertjoste. Ich kam mit dem festen Vorsatz in die Stadt, mir das neue Prunkviertel anzuschauen.

Doch erst einmal ließ ich mich mit dem Hauptstrom der Passanten zur Wehrhalle treiben. Erhaben thront die Güldene mit ihrer glänzenden Kuppel und ihren dicken Mauern aus weißem Marmor über dem Viertel, das ihr seinen Namen zu verdanken hatte. Die klare, kühle Schönheit des säulengesäumten Prachtbaus scheint für die Ewigkeit gemacht. Doch in den umliegenden Straßen steht die Zeit nicht still. Das Osttor ist ganz neu, ebenso einige Befestigungen. Der Thorwalerüberfall hat den Einheimischen mehr zu schaffen gemacht, als irgendwer zuzugeben bereit wäre.
Doch mir machen sie nichts vor! Ich kenne den hiesigen Menschenschlag, bin ich doch selbst als Kind durch die Nordmärker Stadt getollt. Noch heute erinnere ich mich beinahe öfter an unsere Winterresidenz am Herzog-Garhelm-Bogen als an unsere heimische Burg, weilten wir Kinder doch in den Wintermonaten fast immer bei Großmutter Radegunde in Elenvina.

Doch heute führen mich meine Aufgaben weit fort von der Heimat, oft über Monate, wenn nicht Jahre. Und wenn ich dieser Tage zurückkehre, scheint mir das alte Elenvina meiner Kindheit jedes Mal ein Stückchen mehr zu entgleiten. Die Stadt wandelt ihr Gesicht und verbirgt das Altvertraute hinter frischen Fassaden. Das alte Elenvina war grau, Basalt und Granit dominierten die Architektur. Zumindest in dieser Hinsicht fügten sich viele der neuen Gebäude ins Stadtbild. Ein kleiner Trost.

Natürlich wurde ich sofort in der Wehrhalle vorstellig. Dort begrüßte mich ein junger Novize, dessen gelangweilter Miene ich sogleich anmerkte, dass er sich den Kirchendienst weit weniger papierlastig vorgestellt hatte. Als er meinen Rang erfuhr, merkte ich, dass ich in dem Jungen einen Bewunderer gefunden hatte.

Als Rechtsgelehrte und herzogliche Inquisitorin, die Recht und Ordnung im Reich verteidigt, entspreche ich dem Wunschbild seines eigenen zukünftigen Selbst. Der Ärmste hatte ja noch keine Vorstellung davon, wie anstrengend das Reisen sein kann, wenn man sich im Boron auf den zugewucherten Waldpfaden des Hinterkoschs verläuft und tagelang die einzige Nahrung aus Trockenfrüchten und hartem Brot besteht. Oder wenn man zum Frühjahrsmarkt in Kaldenberg händeringend nach einem freien Herbergszimmer sucht. Nun gut, bei der Zimmersuche hilft das Sonnenamulett, das ich stets sichtbar an mir trage. Eine Dienerin des Götter-

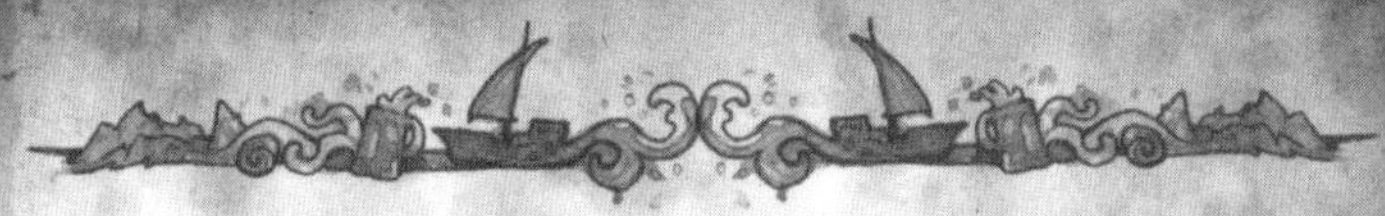

fürsten findet immer eine Unterkunft. Allerdings ist es mir durchaus unangenehm, wenn die Wirtsleute eines überfüllten Gasthauses an der Reichstraße ihr Ehebett räumen, um mich angemessen beherbergen zu können. Unter solchen Umständen wünsche ich mir manchmal, unbehelligt und unerkannt im Stroh des Stalls schlafen zu können. Wer schon des Öfteren in baufälligen Wanderhütten auf Bergpässen übernachten musste, ist schon dankbar für vier Wände und ein Dach über dem Kopf.

Wie wenig ahnte der Bursche, dass die Aufgabe, Praios' Licht auch in den dunkelsten Winkeln des Reichs zu verbreiten, oftmals bedeutet, tagelang lamentierenden Baronen zuzuhören, die vorgeben, rechtlichen Rat zu suchen, sich aber im Grunde nur über die mehr oder minder eingebildeten Rechtsverfehlungen ihrer schon in dritter Generation verfeindeten Nachbarn aufregen wollen. Und von eben diesen darf man sich wenige Tage später die ganze Geschichte noch einmal anhören, um dann einen ebenso wortreichen wie langweiligen Bericht zu schreiben. Die werden dann vielleicht an eine höhere Stelle weitergeleitet, viel häufiger aber wandern sie ohne Umwege gleich in die Archive.

Überhaupt bin ich eher eine Art gesellschaftliche Kundschafterin, die eine Situation als erste in Augenschein nimmt und bewertet. Ich bin eigentlich nur dazu da, zu entscheiden, ob eine Einheit Bannstrahler erforderlich ist, oder wie kompliziert ein Rechtstreit ist und welche Stellen damit betraut

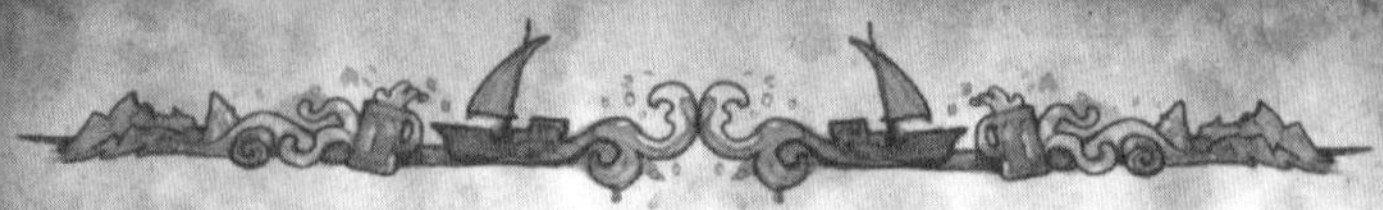

werden müssen. Manchmal bin ich Advocatus, manchmal Diplomat, und manchmal auch einfach nur die Stimme, welche die Menschen daran erinnert, dass das Licht des Höchsten stets um uns ist.

Das alles, um auch dem letzten kleinen Landbaron im Guten wie im Schlechten deutlich zu machen, dass weder der Herr Praios noch der Herzog ihn jemals vergessen. Und wenn sich wirklich irgendwo finstermagische Machenschaften zutragen, bin ich eher diejenige, die Hilfe holt, als selbst einzugreifen.

Stattdessen komme ich manchmal nicht umhin, im Dörfchen Weithintermberg zu entscheiden, ob Bauer Alrikskohl zu Unrecht Bauer Rübenkohls Obstwiese abgeerntet hat, weil der Junker, der sich sonst um diese Frage kümmern sollte, plötzlich verstorben ist. Und nicht selten muss man sich auch der Frage stellen, ob der altersschwache Esel des Holzfällers von Klein-Fichtenforst gestorben ist, weil die zahnlose Großmutter vom Nachbarhof den bösen Blick hat, oder ob sie einfach nur mürrisch guckt.

Ich gab mir keine Mühe, den Jungspund über all das aufzuklären. Sollte er seine Illusionen ruhig noch eine Weile genießen. Stattdessen genoss ich es, dass er mir von sich aus frischen Apfelsaft und belegte Brote und sogar ein paar echte Elenviner Trüffel aus der Küche holte und mich zum Verschnaufen in einer leeren Schreibstube einquartierte. Dort klopfte ich mir den echten und den metaphorischen Straßen-

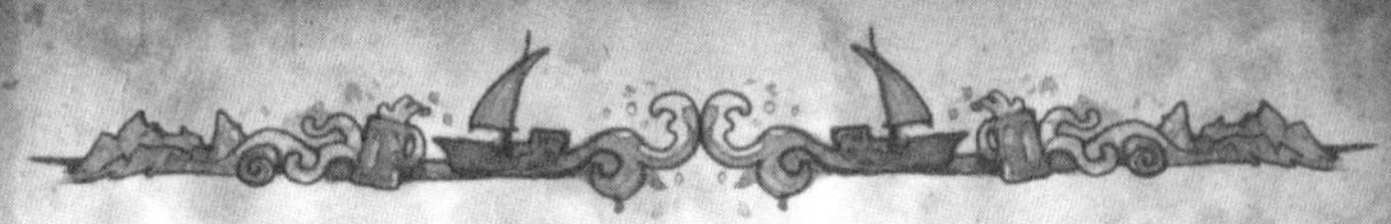

staub ab und genoss einen wunderbaren Augenblick lang die Ruhe des kleinen Zimmers wie Balsam, bevor ich ein paar Anekdoten zum Besten gab, um meinen dienstbeflissenen Bewunderer bei Laune zu halten. Nachdem ich mich an dem Imbiss gestärkt hatte, verbrachte ich die nächsten Stunden inmitten zahlreicher Pilger und Bittsteller im Gebet vor dem prachtvollen Altarstein der Werhalle.

Den obligatorischen Gang zum Inquisitionsturm schob ich noch ein wenig auf. Der helle Tempel, der Priestern und Gläubigen gleichermaßen offensteht, ist mir näher als das verstaubte Haus der Inquisition. Viele meiner dortigen Kollegen sind nicht nur steinalt, sondern kommen mir auch so schrecklich verknöchert vor. Dass ich dem alteingesessenen Geschlecht der von Weisepreins angehöre und meine Abstammung bis zur heiligen Lechmin zurückverfolgen kann, öffnet mir beim Adel viele Türen. Aber es verschafft mir nicht immer Freunde im Orden. Wahrscheinlich unterstellt man mir größere Ambitionen, als ich sie hege. Wenn der Höchste mich endlich zu einer vollen Dienerin beruft, dann mag sich mein Status vielleicht ändern, aber im Augenblick gelte ich, die einfache Akoluthin, als Liebling des Adels, und überhaupt wahrscheinlich als viel zu liberal. Ich hätte mich vor drei Jahren während der Klausur am Tisch in der Mensa nicht dazu hinreißen lassen sollen, meine Meinung kundzutun, dass ein Akoluth der Hesinde, der noch Magie ausübt, dennoch ein

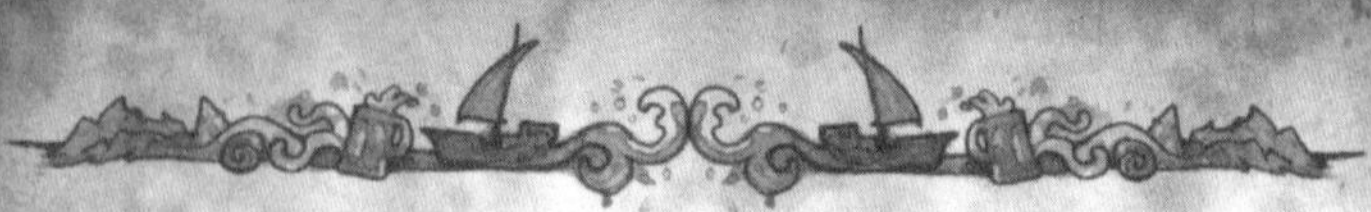

frommer Götterdiener sein kann. Das hat mir einen Aufstieg im Orden der Inquisition seither verwehrt.
Aber es gibt Aufträge, da schickt man gerne gerade mich aus, da ich oftmals selbst auf den stursten Grafen besänftigend einwirken kann und viele Rechtsstreitigkeiten in meiner Gegenwart glimpflicher ablaufen. Besonders wenn es um den Streit zwischen weltlicher und kirchlicher Zuständigkeit geht, gelingt es mir immer, alle daran zu erinnern, dass wir auf derselben Seite stehen.

Ich weiß nicht, wie lange ich mich in Ruhe und Versenkung übte – eine Fähigkeit, die ich brauchen werde, sollte der Höchste mich jemals zu seiner Dienerin berufen – aber irgendwann spürte ich, dass jemand neben mir kniete.
Ich sah auf und erkannte Seine Exzellenz Godefroy Sigismuth von Ibenburg-Luring. Der Illuminatus nickte mir zu, beendete sein Gebet, dann winkte er mich in ein Nebengelass.
Er nahm sich keine Zeit für Floskeln, zu viele Aufgaben warteten, wie immer. In knappen Worten lobte er meinen treuen Dienst der vergangenen Jahre, dann übergab er mir ein Empfehlungsschreiben mit der Anweisung, es stehenden Fußes auf Burg Eilenwïd vorzuzeigen. Die Landhauptfrau hatte ein Anliegen, das eine Inquisitorin erforderte. Da ich, Aurane, kompetent und diskret sei, habe man mir den Auftrag zugedacht.

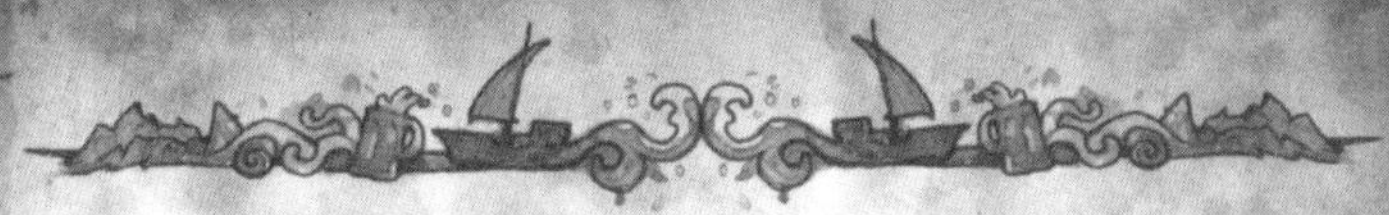

Das Wort ‚diskret' ließ mich aufhorchen. Ich ahnte, dass es Wegweiser und Leuchtstern der Unternehmung sein würde, worum auch immer es sich dabei handelte. Ebenso weckte es meine Neugier. Aber in Verbindung mit Burg Eilenwïd lag es zugleich auch schwerer im Magen als eine Angbarer Schweinshaxe, denn es konnte eigentlich nur bedeuten, dass die Fürstenfamilie involviert war. Eine einmalige Gelegenheit, mich zu profilieren, oder aber meine Karriere für immer zu ruinieren.

Doch da ein Ablehnen als Option nicht zur Debatte stand, konzentrierte ich mich auf die positiven Aspekte. Das Kanzeleiviertel würde warten müssen. Dafür würde ich heute zum ersten Mal seit meiner offiziellen Vorstellung bei Hofe vor Jahren wieder die Tore von Burg Eilenwïd durchschreiten.

Ich verneigte mich vor Seiner Exzellenz, und zog mich zurück, um meinen Novizen nach einer Waschschüssel und frischer Kleidung zu scheuchen.

Kaum leserliche Notiz, gefunden in einer Pfütze auf dem Angbarer Marktplatz

Besorgungsliste

5 Laib Brot
6 Pfund Trockenobst
4 große Bratwürste, die scharfgeräucherten, gut abgegangen
8 kleine Holzfässer, frag bei Gobbelt nach der Lieferung für Feligra Steinlettner, da kriegst du die richtigen
7 Bündel Trockenfleisch
2 Schläuche Ziegenmilch – keinesfalls mehr als 2 Atebrox pro Schlauch zahlen, alles andere ist Wucher!
1 Töppchen Albenhuser Sauerrüben
2 Unzen Salz
12 Winteräpfel (ohne Faulstellen diesmal!)
3 Töppchen Kohl vom Fass (mittelgroß!)

Wagenrad bei Pfundstetters abholen

3 Säcke Heu

Und trödel' nicht! Ich muss übermorgen los und noch packen. Das Schützenfest wartet nicht und bis Gratenfels ist es weit. Also verschwatz' dich nicht wieder! Sonst esse ich den Apfelkuchen heute Abend allein und verteile die Reste im Traviatempel, sollte es welche geben! Triff mich in zwei Stunden in Derschas Braukessel! Und, BITTE, verlier' diesmal die Liste nicht!

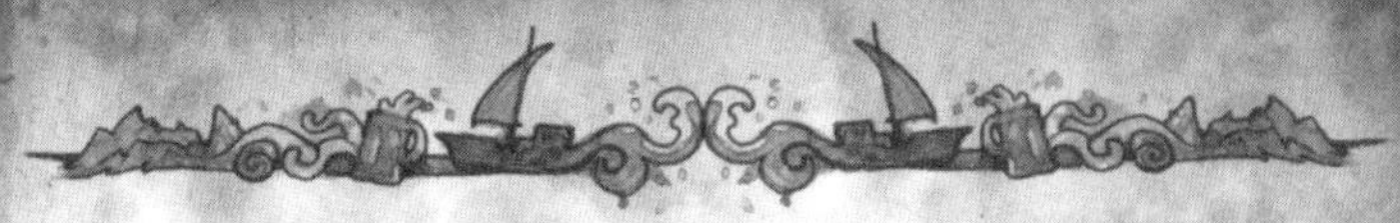

Aus den Aufzeichnungen der Inquisitorin Aurane von Weiseprein
Elenvina, 8. Phex, 1040 BF

Gerade ruft der Nachtwächter zur Ingerimmstunde. Die Angelegenheit, mit der ich betraut wurde, ist so delikat, dass ich es fast nicht wage, den Auftrag niederzuschreiben. Daher will ich zunächst einige Worte über die Burg verlieren. Jahrelang sah ich wie jeder treue Nordmärker zu den Mauern der Herzogenresidenz hinauf, beinah wie zu einem Heiligtum. Stolz ragt sie über den Klippen auf. Sie ist keine elegante Schönheit, doch künden ihre Mauern aus grauem Gestein von den unzähligen Jahren, die sie gesehen hat. Sie ist uns Elenvinern geliebtes Symbol unserer Geschichte, der Dicke Eppo trotzt seit Jahrhunderten Wind und Sturm: ein Zeichen für die unverrückbare Treue des Herzogengeschlechts zum Volk und für die Treue des Volks zum Herzog.
Auch wenn mir aus dem Burggraben ein strenger Geruch entgegenschlug. Ich erspähte Knochen- und Fleischreste. Da mir nicht bekannt war, dass die Burgküche jemals dort ihre Abfälle entsorgt hätte, fragte ich eine Torwache und erhielt eine kuriose Antwort. Es seien die Städter, die den Burggraben fleißig mit Fleischabfällen versorgen. Nun, da weniger abtrünnige Albernier dort aufgespießt werden, fürchtet die Bevölkerung, dass die Raben von Eilenwïd ohne ein derart üppiges Nahrungsangebot gar ihren Stammsitz auf den Burgdächern verlassen mögen, was ein schlechtes Omen für

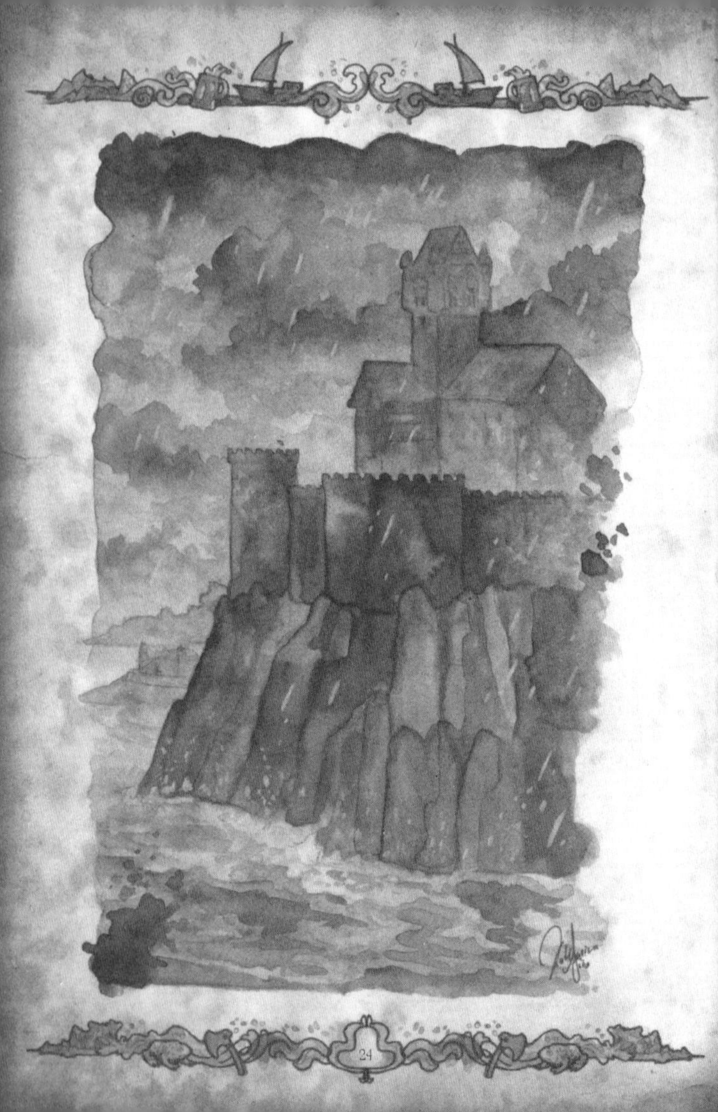

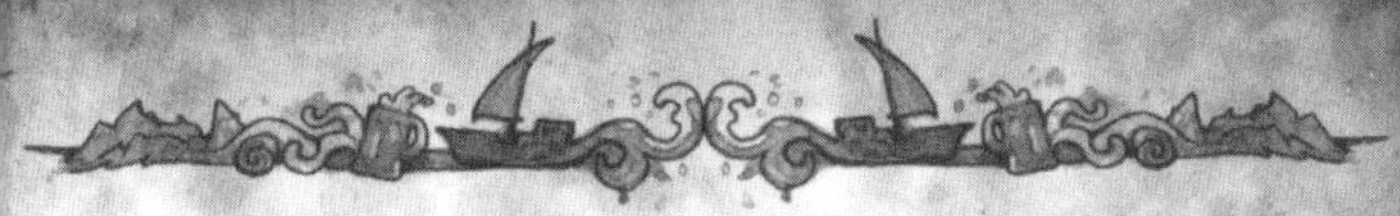

den Herzog und seine Familie bedeuten würde. Daher entschieden die praktischen Gemüter der Herzogenstadt, die Sicherheit ihres Herrschers selbst in die Hand zu nehmen, feinen Nasen zum Leid, aber dem Herzog zur Ehr. So kenne ich mein Elenvina. Nie um eine Lösung verlegen, selbst wenn das Problem womöglich nur eingebildet ist.
Das Burginnere steht der traditionsbewussten, kraftvollen Erscheinung des Äußeren in nichts nach. Auf den gedunkelten Porträts der Ahnengalerie und in den von Ritterrüstungen und Wappen gesäumten Gängen wird die alte Zeit lebendig. Viele der prachtvollen Wandteppiche erzählen Geschichten von rondragefälligen Taten, zeigen die heilige Lechmin oder den heiligen Hlûthar, wurden vor Generationen geknüpft und stets gepflegt, so wie wir Nordmärker unsere Traditionen pflegen.
Die Landhauptfrau begrüßte mich in der Praioskapelle. Obwohl wir demselben Geschlecht entstammen und sie ebenfalls eine Akoluthin des Höchsten ist, kenne ich sie kaum. Wir waren uns auf der einen oder anderen Hochzeit bereits begegnet, doch war unsere Bekanntschaft bestenfalls flüchtig. Sie nickte mir jedoch zu wie einer alten Vertrauten. Vor dem Altar kniete ein Ritter, ins Gebet vertieft. Er trug einfache Gewänder, als käme er gerade von der Jagd, doch seine Stiefel waren zu sauber dafür. Er war hochgewachsen, breitschultrig. Selbst jetzt, da er kniete, und obwohl ich sein kantiges Gesicht im Dämmerlicht der Abendsonne, das durch die

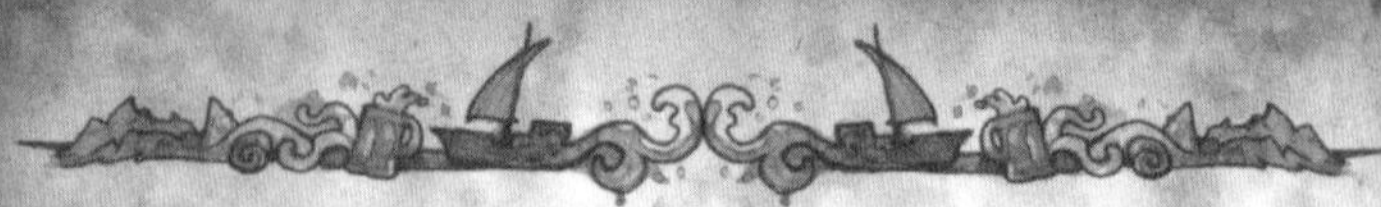

hellgelben Butzenglasfenster drang, kaum erkennen konnte, umgab ihn eine Aura von Macht und Würde. So sehr, dass es mir schwerfiel, mich gänzlich auf die Landhauptfrau zu konzentrieren.

Zum Glück entließ er mich bald aus meinen Zwiespalt, löste die gefalteten Hände, erhob sich und trat zu uns herüber. Meine Ahnung wurde zur Gewissheit, als Herzog Hagrobald mir die Rechte zum Gruße reichte. Verdutzt ergriff ich sie. Sein Händedruck war so kräftig wie seine Oberarme, und ich kann nur hoffen, dass ich nicht zusammengezuckt bin. Meine Stimme muss wohl ein wenig gezittert haben, als ich mich vorstellte.

Zu allem Unglück empfahl sich Ihre Hochgeborene Exzellenz sofort, der Herzog nickte huldvoll. Unsere Kanzlerin schloss die Türen der Kapelle eigenhändig, wie um sich zu vergewissern, dass sie vollständig geschlossen waren, dann war ich mit Seiner Hoheit allein.

Glücklicherweise erwartete er nicht von mir, dass ich viele Worte machte, stattdessen übernahm er das Reden.

Seine Stirn war umwölkt. Er drückte sich knapp, aber klar aus, wie man es von langjährigen Angehörigen des Offizierstabs kennt. Jedes überflüssige Wort schien ihm ein Wort zu viel. Seine Mutter Grimberta Haugmin vom Großen Fluss und vom Berg war seit zwei Tagen spurlos verschwunden. Allen Hinweisen zufolge hatte sie heimlich die Stadt verlassen. Das bereitete der herzoglichen Familie große Sorgen.

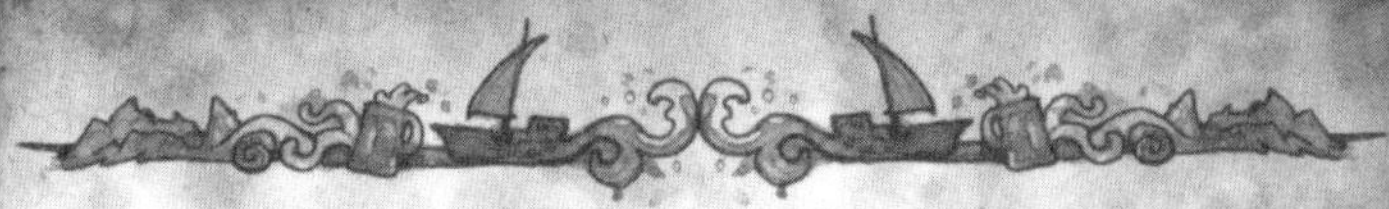

Doch Seine Hoheit selbst wurde zum Gratenfelser Schützenfest erwartet. Eine Reise, die er nicht verschieben konnte, ohne politische Verwerfungen heraufzubeschwören.
Überhaupt war die Angelegenheit mit höchster Diskretion zu behandeln. Es durfte kein Gerede um Ihre Hoheit geben, keine Gerüchte über den Grund ihres Verschwindens, keine Unruhe beim Adel in der Bevölkerung. Zumindest nicht, solange der Grund noch im Dunkeln lag. Nach dem Feldzug gegen die Fürstkomturei im vergangenen Jahr wünschte sich das Volk endlich Ruhe. Schlechte Nachrichten aus der herzoglichen Familie waren das Letzte, das die Nordmarken gerade brauchten. Und die Kaiserin, die gerade ein neues Kapitel ihrer Regentschaft aufgeschlagen hatte, brauchte verlässliche Nordmarken.
Ich fasste mir ein Herz und fragte den Herzog, ob er glaube, dass seine Mutter entführt worden sei. Zu meiner Erleichterung verneinte er. Die Herzogenmutter schien ihre Abreise sogar vorbereitet zu haben. Alles deutete darauf hin, dass sie freiwillig und in voller Absicht verschwunden war. Sie hatte sogar eine ihrer Hofdamen, die junge Odrud von Weidenhag, mitgenommen.
Dennoch, so betonte er, schloss das leider nichts aus. Kurz und gut, er brauchte eine verlässliche Ermittlerin, die die Spur Ihrer Hoheit aufnahm und so bald wie möglich mehr über ihren Verbleib herausfand. Eine Ermittlerin, die nur ihm allein Bericht erstattete.

Er wusste auch, dass ich Odrud aus unserer gemeinsamen Studienzeit an der Rechtsschule kannte. Das war jedoch vor ihrer Zeit als Hofdame gewesen. Als ich eingestehen musste, dass wir seit Jahren keinen Kontakt mehr pflegten, wirkte er eine Spur enttäuscht. Dennoch betonte er noch einmal, dass er großes Vertrauen in mich setzte.
In Gratenfels sollte ich ihn wiedertreffen, dann hoffentlich mit guten Nachrichten.
Zum Abschluss übergab er mir einen Siegelring, der das herzogliche Wappen zeigte. Es sollte mich auf meiner Reise als Gesandte und Beamte im Auftrag Seiner Hoheit ausweisen und mich der vollen Unterstützung des Adels versichern.
Es verstand sich von selbst, ohne dass er ein Wort sagen musste, dass ich diesen Siegelring mit meinem Leben beschützen würde.
Er wünschte mir allen erdenklichen Erfolg. Ich versicherte ihm, dass ich mein Bestes geben würde. Nach einer tiefen Verneigung zog ich mich auf sein Nicken hin zurück.
Gleich nach der Audienz nahm mich die Kanzlerin noch einmal beiseite. Sie weihte mich in ihre hauseigenen Ermittlungen ein. Wie es schien, hatte Ihre Hoheit alles darangesetzt, keine Hinweise auf das Ziel ihrer Reise zu hinterlassen. Doch hatte sie sie in den vergangenen Wochen viel Zeit in den Archivkavernen unter der Feste verbracht, und vor wenigen Tagen schließlich hatte meine alte Freun-

din Odrud im *Flussvater* Gespräche mit zwei reisenden Händlern geführt.

Sie empfahl mir, mich dort umzutun und mehr über diese Händler herauszufinden.

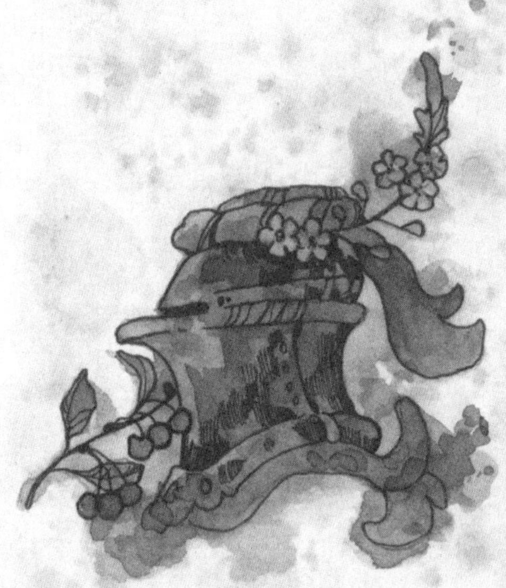

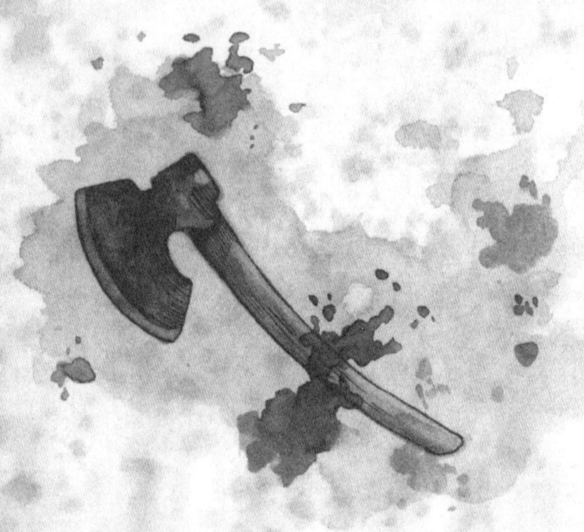

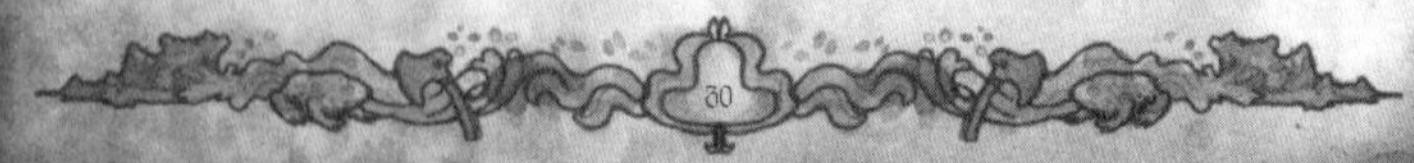

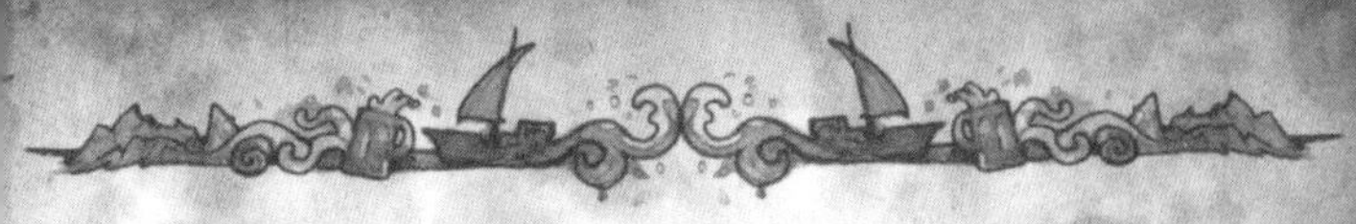

II

Wenn Hopfen und Malz verloren ist

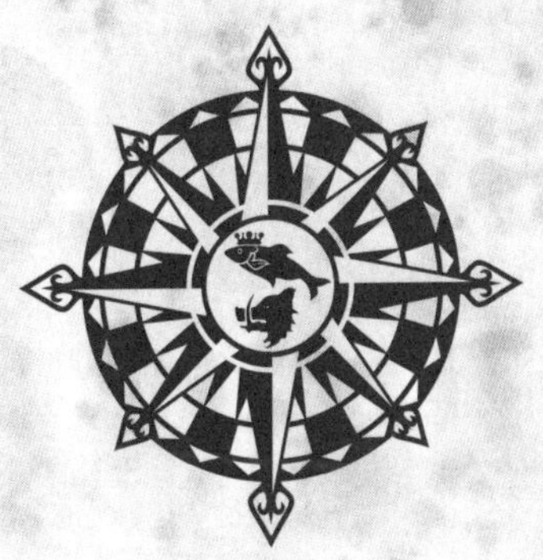

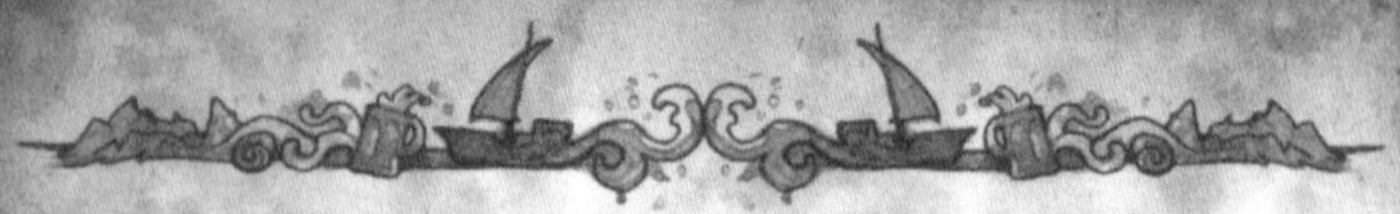

Stammtischgespräch im Brauhaus zu Angbar

»Es hat 'ne Weile gedauert, dass ich nach Haus gefunden hab'. Drüben in den Schattenlanden konnte ich immer nur an die Heimat denken. Aber als alles vorbei war, erschien es mir manchmal so, als wüsste ich gar nicht mehr, was Heimat ist. Und ich kam mir in den Landen, die mir vertraut sein sollten, wie ein Fremder vor.

Ich weiß nicht genau, woran's liegt. Aber es kommt mit vor, als wär' ich nicht bloß ein Jahr, sondern mindestens fünf fortgewesen.

Stell dir das doch mal vor, da komm' ich nach all dem Mord und Totschlag zurück nach Angbar und hier sieht's aus, als hätt' der Krieg auch bei euch gewütet. Hab' mein altes Barschensee kaum wiedererkannt. Die schönen Häuser. Alles zerstört. Genau wie in Eslamsbrück. Und der Efferdtempel ist jetzt ein Traviatempel. Da soll einer noch mitkommen.

Es ist, als wär' der Krieg eine lästige Krankheit, die an mir klebt wie die Horasierkrankeit. Die ich natürlich *nicht* habe! Brauchst gar nicht so zu gucken.

Und ich hab' mich auch verändert. Wie unser Angbar. Meine Zeit ist mir davongelaufen wie die Verlobte, die ich mal hatte. Und ich fühl' mich, als hätt' ich glatt zehn Jahre mehr auf dem Buckel. Na, vielleicht wird das ja noch. Ein bisschen Angbarer Alt und die Welt rückt wieder ins Lot. Oder so. Ich hoff's.

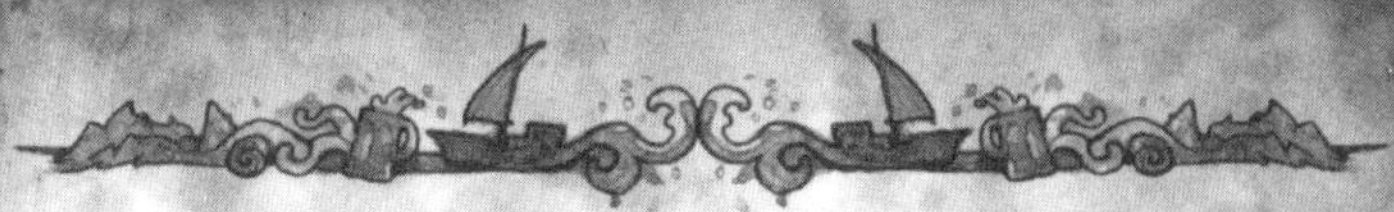

Wobei, mein Freund, ich kann dir sagen. So hart getroffen hat's mich gar nicht. Immerhin bin ich lebend zurückgekehrt. War beim Hauptheer mit dabei. Bis vor Mendena sind wir gekommen, und dann ging's erst so richtig zur Sache. Beim Heer erlebt man ja immer was, aber dieser Feldzug … so absurde Dinge kannste dir gar nicht vorstellen, wie ich sie gesehen hab'. Untote? Ja klar. Das Pandämonium von Eslamsbrück? Die Befreiung Mendenas? Ach, frag' nicht. Da will ich eigentlich gar nicht drüber reden. Auch nicht, wenn du noch'n Bier spendierst. Also hör mal, das Angebot kannst du trotzdem nicht wieder zurücknehmen! Her mit dem Humpen. Der Heimgebliebene zahlt! Du hast's dir immerhin gut gelassen, während ich in der Warunkei durch den Matsch gekrochen bin.

Als Sappeur bist du immer vorne mit dabei. Bist mal Kundschafter, mal Zimmermann. Mädchen fürs Grobe, Mann für alles. Oder so. Ich weiß jedenfalls, wie ich mit meiner hübschen Minna umgehe. Meine Freundin? Ha, ich wünschte ich hätte Zeit für 'ne Freundin gehabt. Oder Geld. Aber der Sold, der verfrisst sich. Und was nicht verfressen wird, wird verspielt. Und was nicht verspielt wird, das rinnt dir einfach so durch die Finger. So ist das, wenn man rumkommt.

Wer jetzt die Minna ist? Na, meine schöne Axt hier natürlich. Du stellst ja blöde Fragen.

Ob der Herzog uns gut angeführt hat? Ja, was soll ich dazu sagen? Die Gefallenen würden's vielleicht verneinen, aber die kann

keiner mehr fragen. Nun, im Ernst, unser Herzog ist halt ein echter Rittersmann. Gerüchten zufolge haben seine Berater ihn manchmal direkt vom Pferd zerren müssen, damit er seinem Titel nicht zu sehr gerecht geworden, und uns bei jeder Gelegenheit voran in die Schlacht und in den sicheren Tod geritten wäre. Ne, an Mut mangelt's dem wahrlich nicht. Und der Kaiserin auch nicht. Naja, Tobrien ist jetzt frei und die Kaiserin noch da, und unser Herzog auch, und der Schattenmarschall ist besiegt, also haben sie wohl alles richtig gemacht. Prost!

Jetzt kann das Mittelreich hoffentlich endlich zur Ruhe kommen. Stell dir mal vor, der Kaiserin oder dem Herzog wäre etwas zugestoßen. Der Erbprinz wär' ja noch ein bisschen sehr klein. Gruseliger Gedanke, was? Nicht auszudenken wär' das Chaos. Aber nun hat der Herzog im Feld bewiesen, was er kann, und wird uns ein starker Herrscher sein. Soll ja nach dem Großvater kommen. Wär' nicht schlecht. So einen wie den alten Jast brauchen wir, dann geht's uns allen gut.

Was? Fürst Blasius? Natürlich ist der der Beste. Sowieso! Mögen die Götter ihm die Lebensspanne eines Zwergs schenken. Hast du gehört, dass er auf dem Gratenfelser Schützenfest tagelang Freibier ausschenken wird? Was 'ne Sause! Vielleicht geh' ich da als nächstes hin.

Aber sag, du kennst nicht zufällig wen, der einem alten Soldaten Arbeit gibt? Bin nicht lahm und kann praktisch alles. Ja natürlich, gute Arbeit is' immer rar. Weiß ich doch. Ist schwer, wieder anzufangen, wenn man so lang weg war. Aber ich bin

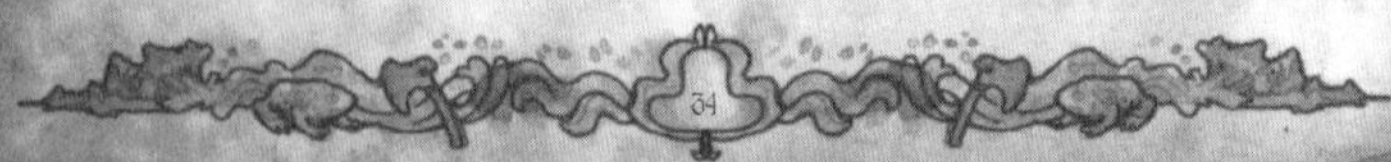

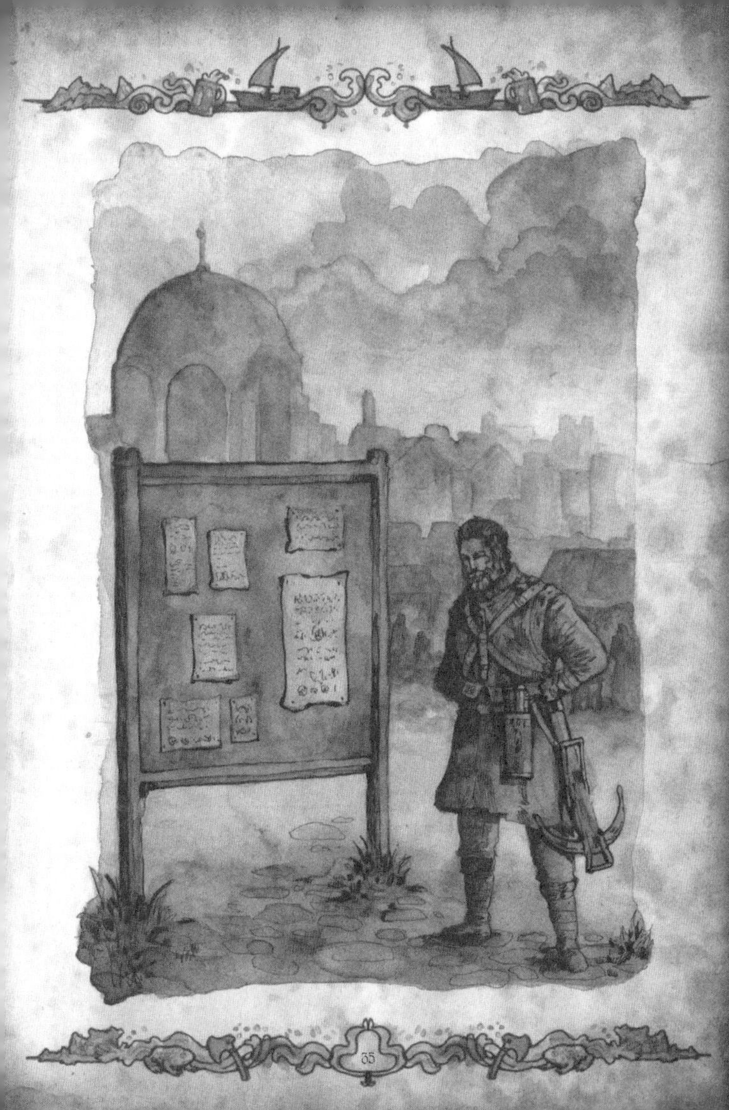

da guter Dinge. Hab zwar nur noch drei Heller, aber bin immerhin ein Angbarer Sappeur! Drei Tage und ich bin wieder obenauf. Jung', wenn du jetzt was über die Regimentsfahne sagst, dann kannst du gleich ausprobieren, wie es sich mit diesem Tonkrug in der Fresse lebt. Ja, dacht' ich's mir, dass du dazu nichts zu sagen hast. Ist auch besser so.
Die Aushänge am Neumarkt? Ja klar, sind 'ne gute Sache, aber ich mag's lieber über persönliche Empfehlungen. Naja, klar werd' ich da schauen. Bin'n Halmbusch, echtes Koscher Blut. Wir kommen immer durch. Und wenn du was hast, denk an mich.
Und jetzt erzähl. Wie war das nun mit dem Alagrimm?«

Aus den Aufzeichnungen der Inquisitorin Aurane von Weiseprein
Elenvina, 9. Phex 1040 BF

Heute Morgen holte ich mir die Zustimmung des Illuminatus und der Inquisition ab, den Spezialauftrags des Herzogs übernehmen zu dürfen. Eine reine Formalität natürlich, aber es war mir lieber, die Dinge papiergetreu zu erledigen. Am besten fassen wohl die Worte Seiner Exzellenz die Verquickungen all jener weltlichen und sakralen Institutionen zusammen, die dem Rang eines herzoglichen Inquisitors Geburtshilfe leisten: »Der Herzog erkennt die Notwendigkeit, und die Kirche des Höchsten stimmt zu.«
Das macht unsere Kirche natürlich nicht zum blinden Handlanger der Obrigkeit. Aber man pflegt ein äußerst enges Verhält-

nis zum Haus vom Großen Fluss, da das Haus vom Großen Fluss auch ein äußerst treues Verhältnis zum Höchsten pflegt. Daher sind der Wille der Kirche und des Herzogs oft eins.

Am späten Vormittag suchte ich den *Flusskönig* auf. Dort verwies mich das Personal erst einmal an den Verwalter. Ich vermied es, ihm zu sagen, warum ich der jungen Odrud von Weidenhag nachforschte, und so wand er sich wie ein Hering auf dem Trockenen. Erst als ich wie beiläufig den Ring aufblitzen ließ, spurte er. Natürlich versucht das Haus, seine Gäste, insbesondere jene von Stand, zu schützen, aber meine kirchlichen Insignien und das Herzogswappen in Union machten unmissverständlich klar, dass ich nicht nur aus privatem Interesse fragte, obwohl ich weder Seine Hoheit noch meine Kirche mit einem Wort erwähnte.

Dann erfuhr ich von dem schnell herbeigescheuchten Pförtner bis hin zur Speisenfolge alles, was die Bediensteten von Odruds jüngstem Besuch wussten.

Die zwei Händler hatten sich dem Pförtner als Rabanus Ottel und Gerfried Hohendiek vorgestellt. Einer hatte mit einer Ausgabe des Greifenspiegels gewedelt und eine Anzeige erwähnt, die ein Treffen im *Flussvater* an jenem Abend vorsah. Daraufhin hatte der Pförtner die beiden zum Tisch Ihrer Hochgeboren gebracht. Zuvor hatte sie ihm aufgetragen, genau dies zu tun, falls jemand ein Inserat des Greifenspiegels nannte.

Doch was am Tisch gesprochen worden war, wusste niemand. Die Schankburschen und -maiden des Hauses beherrschten die

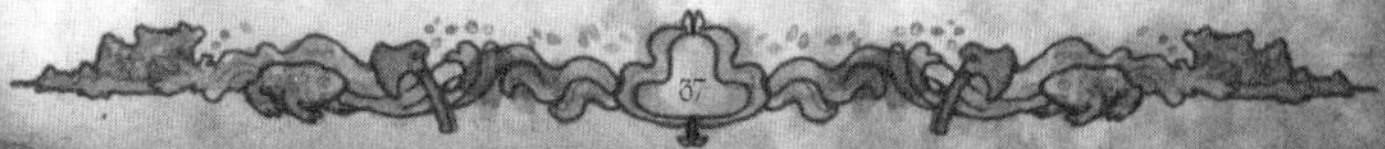

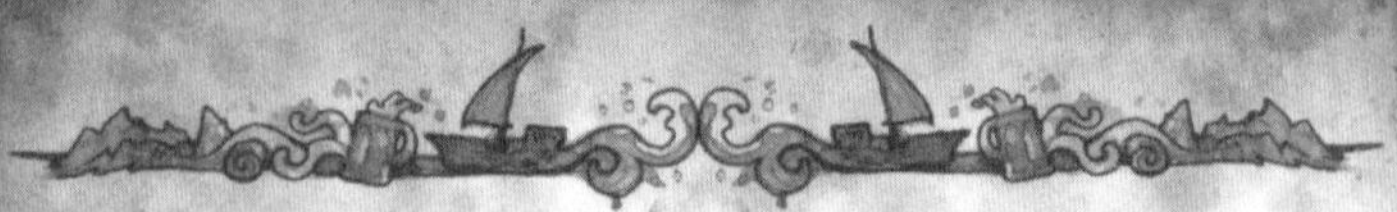

Kunst des Weghörens. Sie bezeugten lediglich, dass das Gespräch zwischen Ihrer Hochgeboren und den Händlern allem Anschein nach friedlich und einvernehmlich verlaufen war. Einzig die einfache Kleidung der Händler wurde allgemein als Kuriosum betrachtet, da die übliche Kundschaft des Hauses gemeinhin den gehobenen Ständen angehörte. Überhaupt hatten die beiden Gäste Ihrer Hochgeboren fremd gewirkt, wie Leute, die sich nicht oft in der Stadt aufhielten. Ein Serviermädchen berichtete mir mit geröteten Wangen, dass der größere der beiden, Ottel, mit seiner Lederkleidung und seiner braungebrannten Haut verwegen ausgesehen hatte. Wie ein Mann, der in der Wildnis Basaltsalamander und Braunbären jagte. Ich musste mich zusammenreißen, um angesichts dieser offensichtlichen Schwärmerei nicht zu grinsen. Braunbären und Salamander. Soso.

Nach rund einer Stunde war das Mahl bereits beendet gewesen. Beide Parteien hatten das Lokal getrennt verlassen, Ihre Hochgeboren war für alle Kosten aufgekommen. Großzügig, wie die Hausangestellten betonten.

Leider konnte mir niemand sagen, wo die Händler in der Stadt untergekommen waren. Das wäre auch zu einfach gewesen, nicht wahr?

Ich muss also weiter forschen. Werde mich wohl in der Handelshalle umhören; wenn das nicht hilft, wird mir vielleicht der Albenhuser Bund weiterhelfen können. Und natürlich muss ich beim Greifenspiegel mehr über das Inserat in Erfahrung bringen.

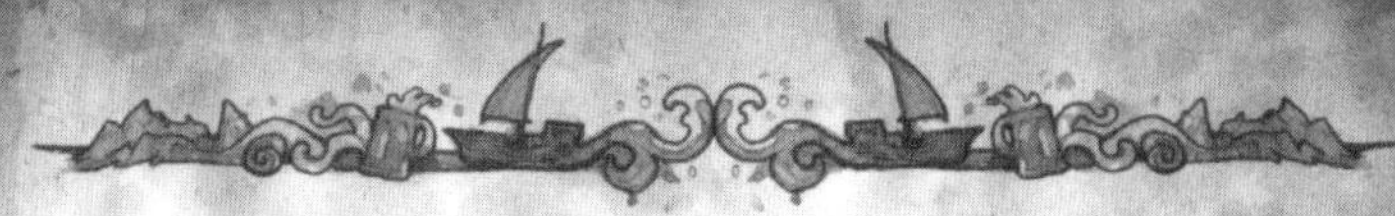

Feligras Tagebuch

Du liebes gutes Büchlein,
heute musst du wieder einmal Zeuge meiner Pein werden. Regen, Regen, und höchstens mal ein kleiner Lichtblick, der durch die dunklen Wolken schimmert. Es ist nicht schlimm! Es ist schlimmer. Ich schäme mich fast, dass ich mich letzte Woche so wegen der zu Bruch gegangenen Tiegel Latwerge aufgeregt und dir all meinen Unmut auf die Seiten gekritzelt habe. Diesmal ist ein echtes Unglück passiert.
Es begann alles noch ganz friedlich mit dem üblichen Kleinkram. Ulfert hatte natürlich die Einkaufsliste verloren, aber sonst hat er bis auf das Salz alles herbeigeschafft. Er ist noch jung und hat Flausen und Mädchen im Kopf, aber in ein paar Jahren wird er irgendwo in einer Gastwirtschaft ein brauchbarer Schankbursche werden.
Aber genug der Abschweifung. Ich sah schon beim Betreten des *Braukessels* an Olkos Miene, dass etwas nicht stimmte. Ich hatte erwartet, dass er mir einen frohen Gruß entgegenschmetterte und mir gleich etwas von der neuen Würze abzapfte, um sie gemeinsam zu verkosten. Aber stattdessen murmelte er ein Garoschem in seinen Bart und vermied es, mir in die Augen zu sehen.
Da hörte ich sofort die Koschammer trapsen. Mir wurde ganz anders.

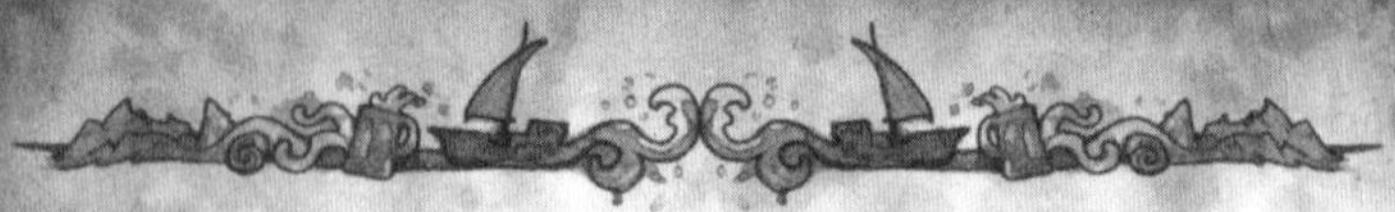

Mit hängendem Kopf führte er mich in den Braukeller. Und da roch ich es schon. Essig. Alle Braukessel stanken nach Essig. Olko hatte sich nicht einmal die Mühe gemacht, das ungenießbare Zeug in die bereitstehenden Fässer abzufüllen. Das Elend konnte er ja nicht einmal an reisende Nordmärker verkaufen. Wir standen fassungslos vor einer ganzen Fuhre Bier. Vor genau der Fuhre, die ich jetzt eigentlich gern verladen auf meinem Karren hätte. Vor genau der Fuhre, die Fürst Blasius für Gratenfels geordert hatte. Und sie war ungenießbar.
Die Worte des Fürsten rangen mir noch im Ohr, wie er gesagt hatte, dass er nur mir vertraute, ein wahrhaft gutes Bier zu finden und nach Gratenfels zu bringen. Eins, das den Gratenfelsern und Herzog Hagrobald beweisen würde, dass man im Kosch Glücksseligkeit trinken konnte.

Ich brauchte zwei Kräuterschnäpse, um Worte zu finden. Olkos Frau Gerscha bot mit auf den Schreck ein paar Scheiben ihres hochgelobten Salbeischinkens an, aber mir war tatsächlich nicht nach Essen zu Mute. Das Entsetzen hatte mir auf den Magen geschlagen. Ich bekam kaum fünf Scheiben herunter.
Schließlich fragte ich, was schiefgegangen war. Gerscha und Olko hoben die Schultern. Tränen schimmerten in Gerschas Augen. »Boron sei Dank, muss Mutter das nicht mehr erleben«, schniefte sie in ein Taschentuch.

brände später verstieg ich mich sogar zu dem Versprechen, sie beim Fürsten nicht zu verpfeifen.
Aber jetzt habe ich das Problem: lauter leere Fässer und kein Bier! Denn selbst, wenn wir durch ein Wunder heute noch einen guten Mälzer finden, der zufällig gerade eine luftige Fuhre Malz fertig hat und sofort eine neue Würze ansetzen könnte, es würde Tage dauern, bis das Bier abgemaischt und geläutert wäre. Dann ist das Schützenfest vorbei.
Was soll ich denn jetzt nur machen? Ich will doch der armen Gerscha und ihrem Olko nicht das Geschäft ruinieren. Ich kann doch das Erbe der guten Derscha nicht zerstören. Aber wo bekomme ich jetzt eine so große Ladung Bier her, noch dazu ohne dass sich das alles in Angbar herumspricht?
Trotz allem ließ ich mir die leeren Fässer aufladen. Schließlich hat der Fürst mir den Auftrag erteilt, dafür zu sorgen, dass die Ladung sicher ankommt.
Mir bleibt wohl nichts übrig, als morgen wie geplant nach Gratenfels aufzubrechen und irgendwo unterwegs einen Brauer zu finden, der sie befüllen kann. Oh je, das wird ein wilder Ritt. Das ahne ich jetzt schon.
Mit etwas Glück lässt mich mein Vetter Grumbosch nicht im Stich. Ich werde ihm gleich eine Brieftaube schicken. Wenn er den Brief rechtzeitig bekommt, kann er vielleicht ein Bier brauen, das uns Angbarer nicht in Grund und Boden blamiert. Immerhin hat mir Olko einen Begleiter organsiert, der mich und meine Ladung beschützen und mir obendrein auf der Reise

noch ein wenig Gesellschaft leisten soll. Ein ehemaliger Soldat namens Idamil Halmbusch. Den hat er wohl am Neumarkt getroffen, wo er auf der Suche nach Arbeit war. Vermittelt hat das Ganze Ugdalf, der Schankbursche vom Angbarer Brauhaus. Der ist gut Freund mit Olko und kennt Idamil von früher.
Wie auch immer. Mir ist es recht. Dieser Soldat macht jedenfalls einen ganz patenten Eindruck. Praktischer Mann. Hat eine große Axt dabei. Da kann er auf der Reise ordentlich Feuerholz hacken. Und bestimmt kann er uns Kleinwild erjagen. Ich habe nicht vor, auf dem kalten Greifenpass auf warme Mahlzeiten zu verzichten.

PS: Nicht vergessen, Die Pelzweste und gemahlene Hirse zum Dicken der Suppen einzupacken.

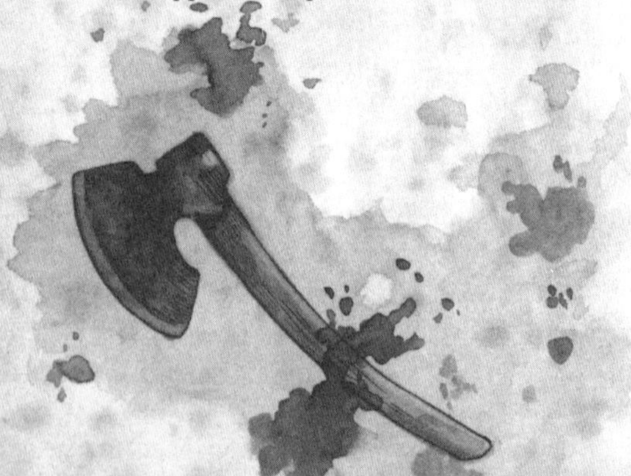

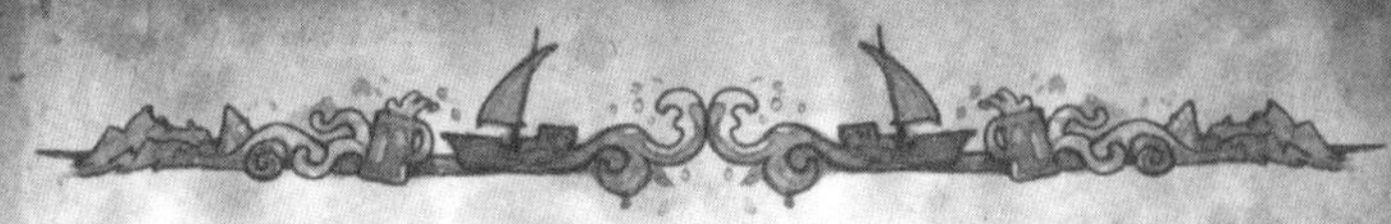

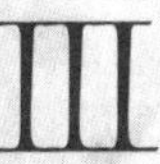

Auf der Spur des Prospektors

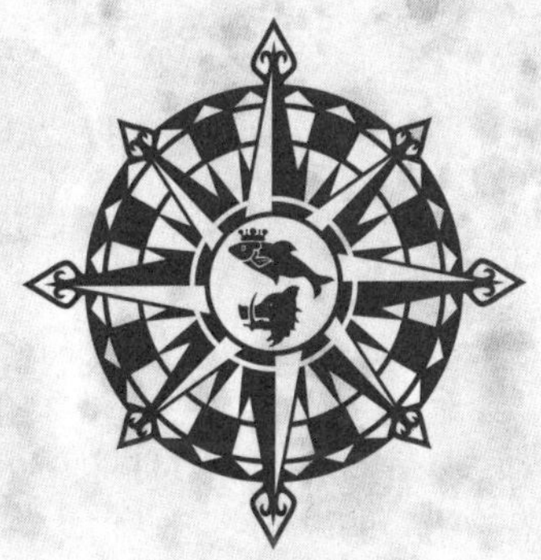

Suche Informationen über verschollenes Helmkleinod: Unikat; Material: Mammuton mit partieller Zierde von doppeltem Rotgold, Motiv: Kirschbaumzweig in voller Blüte, Größe: eine knappe Elle, filigrane Schnitz- und Goldschlägerarbeit. Informationen zur Wiederbeschaffung werden großzügig entlohnt.
Bei Interesse Treffen im *Flusskönig* zu Elenvina, 6. Phex, 1040 BF zur Phexenstunde. Bitte nur ernst gemeinte Angebote.

Anzeige
Nordmärker Greifenspiegel

Aus den Aufzeichnungen der Inquisitorin Aurane von Weiseprein
Elenvina, 9. Phex 1040 BF

Ich habe bei der Suche nach Ottel und Hohendiek Fortschritte gemacht, indem ich einfach direkt zu Phexhilf Ehrwald gegangen bin. Als Vorstand des Albenhuser Bundes kennt er ja so gut wie jeden Handelsmann: nicht zuletzt, weil das Haus Ehrwald in den ganzen Nordmarken Kontore hat. Wenn ich, wozu es hoffentlich niemals kommen möge, einen Geheimdienst leiten müsste – solche Leute würde ich mir warmhal-

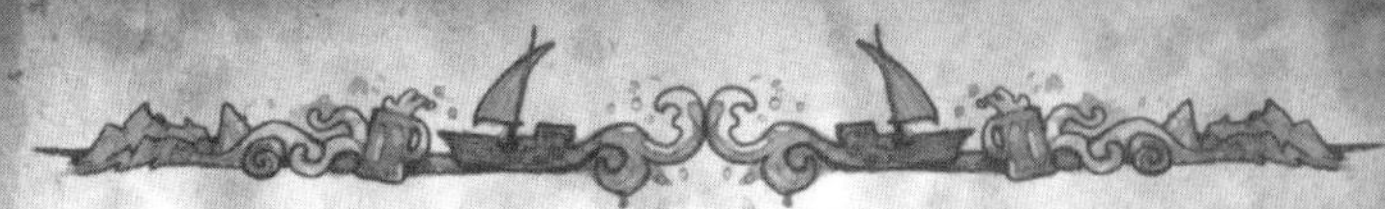

ten. Es ist beinahe unheimlich, welche Informationen kluge Händler anhäufen können. Sie haben Augen und Ohren überall, ob beim Kiepenkerl aus Eisenhuett, den Flussfischern im Albernischen, oder den Seefahrern aus Grangor.
Auch an dieser Stelle waren mein Rang und Siegel Ausweis genug. Nachdem ich Herrn Ehrwald versicherte, dass die beiden Gesuchten mitnichten in Schwierigkeiten steckten, berichtete er mir frohgemut, dass Ottel erst vor wenigen Tagen persönlich bei ihm vorstellig geworden war. Strenggenommen ist der Mann gar kein Händler, sondern ein Prospektor, der stets auf der Suche nach wertvollen Metallen und zurzeit auch nach Geschäftspartnern ist. An seinem geplanten Projekt, im Koschgau nach neuen Zinnobervorkommen zu forschen, war Ehrwald nicht interessiert gewesen, und er versicherte mir, dass der Prospektor in der gegenwärtigen Lage, so kurz nach Mendena, kaum Gelegenheiten hatte, einen einflussreichen Unterstützer für eine so fernab gelegene Expedition zu finden. Zumindest nicht ohne einen Beweis, dass dort wirklich Zinnober zu finden war und eine Investition auch lohnte.
Sein Begleiter Hohendiek ist nach der Einschätzung des Handelsmagnaten ein einfaches Gemüt, ein Kleinhändler aus dem Albenhuser Land, der hauptsächlich in der Region mit einfachen Eisenwaren handelte und damit wahrscheinlich eher bescheidene Gewinne machte.
Ob der Prospektor und der Eisenhändler noch irgendwelche Geschäfte gemacht hatten, wusste er nicht. Aber das bedeute-

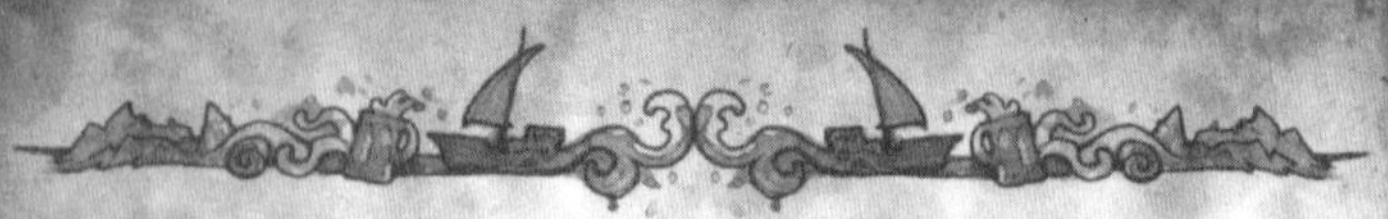

te für ihn, dass sie eventuelle Geschäfte wohl nicht nennenwert waren. Ein Inserat im Greifenspiegel hatte Ottel ihm gegenüber nicht erwähnt.

Das betreffende Inserat ist im Übrigen höchst mysteriös. Da wird eine Helmzier gesucht. Ich habe alles Mögliche erwartet, aber nicht das. Nun, das muss ja ein ganz besonderes Schmuckstück sein, wenn Ihre Hoheit dafür inkognito eine Reise unternimmt. Beim Greifenspiegel konnte man mir leider keine Auskunft geben, wer sich auf das Inserat vielleicht noch gemeldet hat. Die Anzeige wurde anonym eingereicht, Bezahlung inklusive. Ob Ihre Hoheit sich nach dem Gespräch ihrer Hofdame mit Ottel auf die Suche nach diesem Helmkleinod begeben hat? Ich muss herausfinden, was Ottel für Informationen hatte.

Meine Nachforschungen zeichnen ein klares Bild: Zu zweit hatten der Prospektor und sein Begleiter ihr Glück in Elenvina gesucht, mussten aber bald feststellen, dass die Stadt nicht gerade auf zwei Landeier wie sie gewartet hatte. Daher haben sie sich vermutlich wieder auf den Rückweg in das Koschgau begeben.

Und zwar mit einem Flussschiff gen Albenhus, wie ich am Hlûtharshafen herausfinden konte. Das war ein Ding. Ich kenne inzwischen so ziemlich jeden in der Hafenmeisterei, aber schließlich war es ein einfacher Fischer, der mir weiterhalf. Er hatte beobachtet wie »ein verwegener Wilder Wutz« und sein Begleiter, »so ein Handwerksgesell'« auf ein Flussschiff namens *Flotte Frida* gestiegen waren.

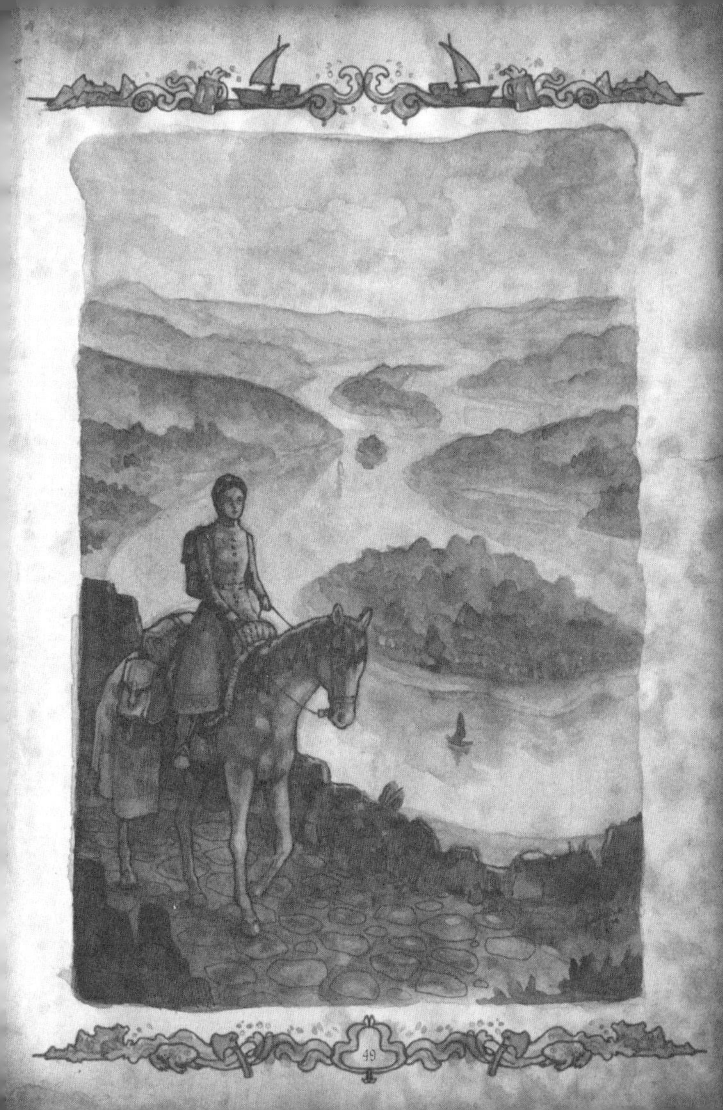

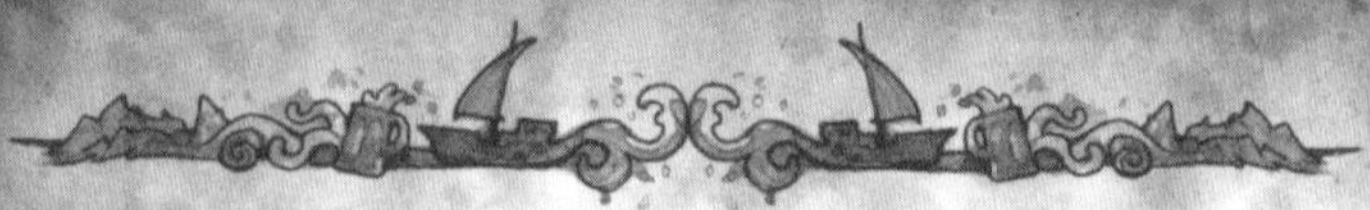

Nun befinde ich mich in einem Zwiespalt. Was wenn dieses Gespräch im *Flusskönig* gar nichts mit dem Verschwinden der Alt-Herzogin zu tun hatte? Habe ich in Elenvina gründlich genug geforscht? Ich weiß es nicht. Andererseits, wenn Ottel der Schlüssel ist, darf ich keine Zeit verlieren. Denn wenn ich ihn in Albenhus nicht finde, verliere ich seine Spur vielleicht auf Monate. Und je weiter er kommt, umso größer ist die Gefahr, dass er eine andere Route wählt als jene, die Ehrwald vermutet hat. Also werde ich wohl aufbrechen. Ich darf Seine Hoheit nicht enttäuschen!

Immerhin, Luri wird sich freuen, dass sie nicht länger in Elenvina in einem Stall stehen muss. Inzwischen hat sie ihre Verletzung auskuriert und kann es sicher kaum abwarten, wieder das Nordmärker Land unter ihren Hufen zu spüren und sich den frischen Wind um die Nüstern wehen zu lassen.

Gasthaus an der Reichstraße, 11. Phex 1040 BF

Das Wetter ist erträglich: Regen, der seit meinem Aufbruch mit schöner Regelmäßigkeit die Morgenstunden vergällt, dafür kommt mittags meist die Sonne heraus, und man spürt regelrecht das Aufatmen der Natur nach dem langen Winter. An den Sonnenhängen stehen die Ifirnsglöckchen in voller Blüte und an den Bäumen und Hecken und Hopfenstangen warten schon die ersten grünen Knospen auf Sonnentage. Ich fürchte allerdings, dass es weiter im Norden noch winterlicher sein könnte. Ich plane, in Treuenbollstein zu rasten.

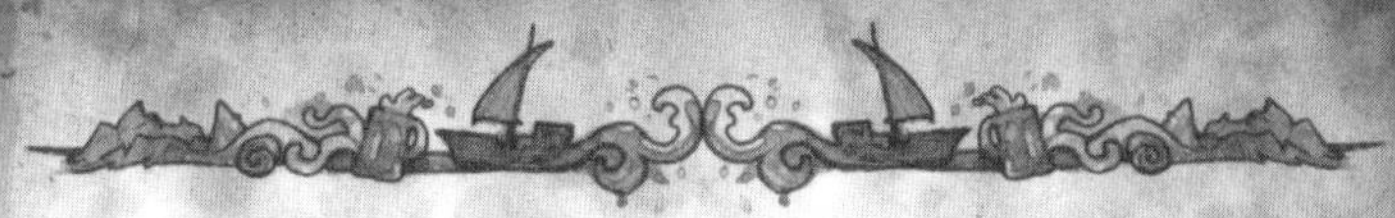

Ingrakuppen, 12. Phex 1040 BF

Meinen Berechnungen nach müsste es zu schaffen sein, sodass ich mit etwas Glück sogar einige Tage vor Ottel in Albenhus ankommen. Praios sei Dank fährt er flussaufwärts. In die andere Richtung wäre mein Plan zum Scheitern verurteilt, da die Boote dann naturgemäß nur die Hälfte der Zeit brauchen.

Aber mit dem Pferd ist die Strecke nur etwas für erfahrene Reiter. Zum Glück bin ich durch die vielen Reisen inzwischen mit allen Flusswassern gewaschen. Wenn ich an den vorletzten Sommer und meinen Besuch in Ferdok zurückdenke, kann man das wörtlich nehmen. Das war aber das letzte Mal, dass ich mich habe abwerfen lassen. Seither habe ich immer darauf geachtet, mir keine jungen Hengste mehr andrehen zu lassen. Luri macht sich da viel besser. Sorgen macht mir nur, dass sie manchmal wieder zu Lahmen scheint. Vielleicht bin ich auch übervorsichtig, doch hier, wo die Opferschlucht beginnt, sind die Passstraßen zum Teil extrem schmal. Also gönne ich meiner Stute und mir häufig Rast, wann immer mich die herrliche Aussicht dazu einlädt.

Ingrakuppen, 13. Phex 1040 BF

Wie schön ist doch unser Land, rechterhand die bewaldeten Hänge des Eisenwalds, die urwüchsigen Ingrakuppen zur Linken und dazwischen das schäumende Wasser. Immerhin müssen sich die Schiffe genauso mühsam vorankämpfen wie

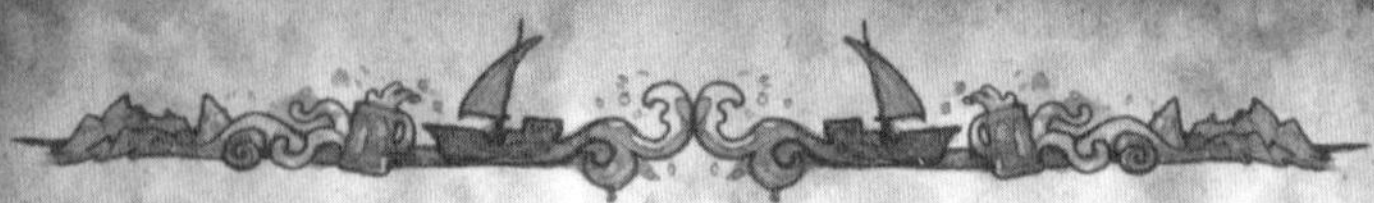

Luri und ich. Noch dazu treiben hier in der Opferschlucht immer wieder Piraten ihr Unwesen. Dass der Rote Jast noch immer nicht gefasst ist, ist eine Schande! Aus der Sicht eines Piraten, ist diese Enge zwischen den Bergen die beste Stelle für Beutezüge.
Ich jedenfalls habe heute bei meiner Morgenandacht zu Sonnenaufgang einen Falken erspäht, der über mir am Himmel seine Kreise zog. Das ist ein gutes Zeichen. Der Höchste ist mit mir!

Am Großen Fluss, 14. Phex 1040 BF

Die Ingrakuppen habe ich nun bald hinter mir gelassen. Zu meiner Linken öffnet sich das Land wieder, die Felder und Stege werden wieder häufiger. Nur der Eisenwald ist mir auf der Reise ein geduldiger Begleiter. Mit etwas Glück erreiche ich heute noch Twergenhausen. Dann muss ich nur noch eine Nacht in der Wildnis verbringen. Gasthäuser gibt es auf diesem Streckenabschnitt bei Weitem nicht genug für meinen Geschmack. Die Gegend ist inzwischen einigermaßen verlassen. Im Elenviner Land gab es überall Weiler und Höfe. Dreimal konnte ich auf Gehöften übernachten, aber gestern musste ich draußen schlafen, und dafür sind die Nächte eigentlich noch entschieden zu kalt. Zum Glück konnte ich mich an Luri kuscheln. Aber selbst sie hat diese Nacht gefroren.

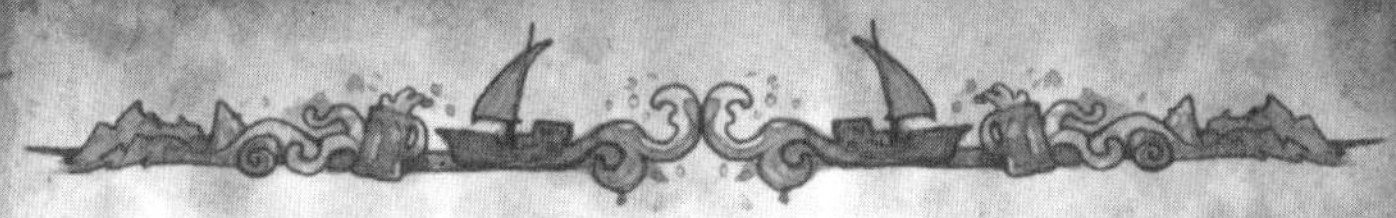

Twergenhausen, 15. Phex, 1040 BF

Seit heute gibt es endlich wieder eine sinnvolle Straße und nicht nur Pfade, auf denen man zweimal im Jahr die Kühe entlangtreibt. Da kommt einem Twergenhausen wie ein Juwel der Zivilisation vor. Dieses Kaff, hat nicht einmal einen Praiostempel. Aber immerhin gibt es mehr als ein Gasthaus und süffiges Zwergenbier. Man lernt ja, für wenig dankbar zu sein.
Um es heute bis Albenhus zu schaffen, müsste ich Luri einen rechten Gewaltritt antun. Das will ich nicht ohne Not tun, also werde ich in Weidleth rasten. Das ist auch ein Kaff, aber ein aufpoliertes. Und die Leute bilden sich einiges darauf ein, dass ihre Stadt sich des Titels Kaiserpfalz rühmen darf. Dennoch ein Witz im Vergleich zu Elenvina.

Albenhus, 16. Phex, 1040 BF

Mittags war ich bereits in Albenhus, habe mich in einem ordentlichen Gasthaus eingemietet, das auch meiner Luri einen guten Stallplatz bietet, und ärgere mich ein wenig darüber, dass auch hier der Höchste zu wenig Verehrung findet, als dass es einen Tempel gäbe. Nun ja, wer so nah am und mit dem Wasser lebt, hat wohl häufiger Bedarf an der Gunst des Launischen. Dennoch würde ein Praiostempel der Stadt nicht schaden.

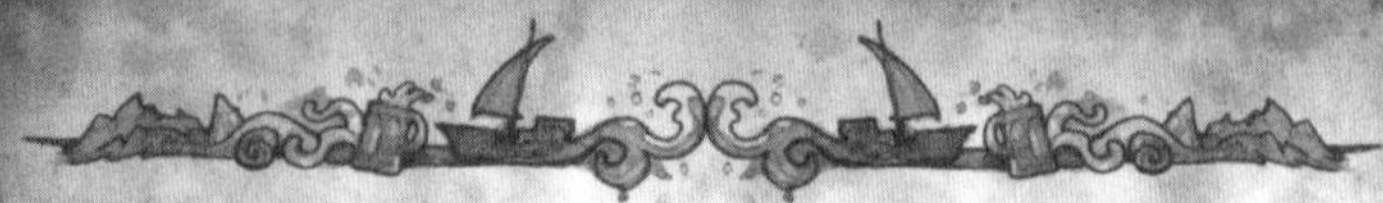

Von nun an heißt es warten und täglich im Hafen nach der *Flotten Frida* Ausschau halten. Auch habe ich sofort die Zollstation angewiesen, Ottel und Hohendiek bei ihrer Ankunft festzuhalten und mich unverzüglich hinzuzuziehen. Die Zöllner schworen mir dienstfertig, meinem Wunsch nachzukommen.

Albenhus 19. Phex, 1040 BF

Das Warten wird langweilig. Ich weiß, dass sie wahrscheinlich noch einige Tage unterwegs sein werden, dennoch plagt mich die Ungeduld. Inzwischen klappere ich auch jeden Tag die Stadttore ab. Schließlich ist nicht auszuschließen, dass die beiden in Twergenhausen oder Weidleth das Schiff verlassen haben, um zu Fuß weiterzuwandern. Ich bin inzwischen zumindest fest überzeugt, dass sie in Albenhus auftauchen werden. Die Stadt entwickelt sich immer mehr zum Drehkreuz des Handels. Ottel wird sich sicher noch einmal nach Investoren umsehen.
Doch was, wenn er mir am Ende nicht weiterhelfen kann? Dann habe ich sinnlos Zeit auf eine völlig falsche Fährte verschwendet? Aber nun bin ich hier und es bleibt mir nichts anderes übrig, als weiter bei meinem Plan zu bleiben. Letztlich kann man eine Brücke immer erst dann überqueren, wenn man sie erreicht hat.

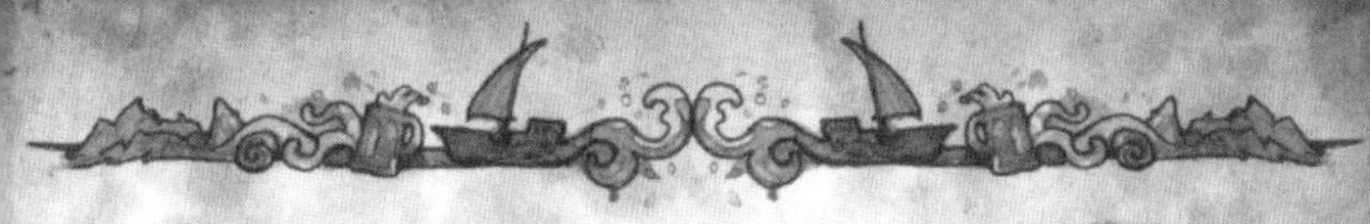

Brief an
Radegunde von Weiseprein
Elenvina
Albenhus, Phex 1040 BF

Liebe Großmutter,
wie versprochen bemühe ich mich, Dir häufiger von meinen Reisen zu schreiben. Gerade mache ich für einige Tage Rast in Albenhus. Über das Warum darf ich wie immer nicht sprechen. Ich kann nur so viel sagen, dass ich diesmal im direkten Auftrag des Herzogs unterwegs bin. Ein großer Schritt für mich, aber auch eine große Verantwortung. Jeden Tag spreche ich Gebete zum erhabenen Götterfürsten, dass er meinen Weg erhellen und meinen Verstand erleuchten möge, auf dass mir bei meiner Aufgabe Erfolg beschieden sein wird.
Über die Stadt hingegen kann und darf ich Dir alles berichten. Auf mich wirkt Albenhus immer wie zwei Städtchen, die sich entschieden haben, einander über den Fluss hinweg die Hand zu reichen.
Und sie wachsen wie unser Elenvina. Aus den Flussbooten, die beständig zwischen dem steinernen Alben auf der Nordseite und der Fachwerkstadt auf der Südseite kreuzen, könnte man eine eigene große Brücke bauen. Dann kommen noch die Flussschiffe dazu. Wie die Lotsen auf dem Fluss und am Hafen noch Überblick bewahren können, weiß der Launische allein. Dem ist man hier ja immer noch sehr treu.

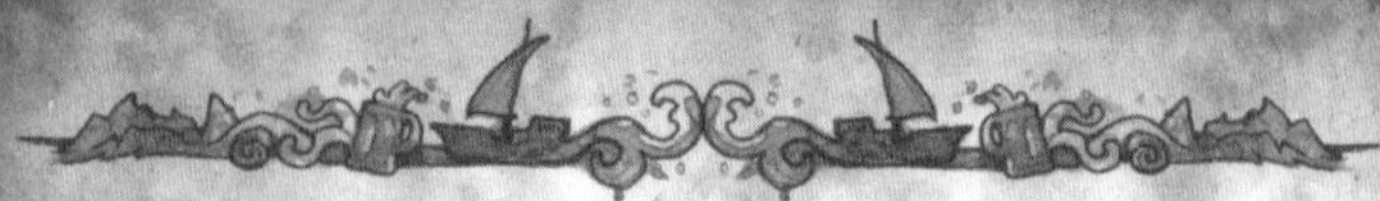

Obwohl viele Häuser dazugekommen sind, bewahrt der Ort sein altes Antlitz. Das schaffen sie besser als unsere Baumeister daheim. So setzen die Albenhuser nach wie vor auf ihr gutes altes Fachwerk, die Zwerge hingegen schleppen noch immer Stein um Stein für jeden Neubau an. Ihnen kommt kein Holz ins Haus, es sei denn zum Befeuern des Kamins.
Im Stadtteil Gansheim ist viel gebaut worden, vor kurzem wurde sogar die Stadtmauer erweitert. Viele der alten Gärten mussten neuen Wohnhäusern weichen. Und dem Park des Viertels wurde sogar ein Boronschrein spendiert. Aber noch immer kein Praiostempel. Das kann der Kirche nicht gefallen. Ich frage mich, ob diese Vernachlässigung gegenüber der Kirche des Gebieters der Götter nicht irgendwann zu politischen Spannungen führt.
Ich selbst lasse mir meinen Unmut darüber nicht anmerken. Es ist nicht an mir, mich um Kirchenpolitik zu sorgen. Und immerhin werde ich überall mit den entsprechenden Respektsbezeugungen empfangen. Ich kann also nicht behaupten, dass die Menschen gar nicht praiosfromm wären, nur sind ihnen Efferd, Travia und Ingerimm wichtiger. So ist das in diesen Siedlungen, die dank der vielen Angroschim wie ausgelagerte Bergfreiheiten wirken. Ähnlich sehen das wohl auch die Albenhuser: hauptsache Ingerimm. Was soll man machen, die kleinen Leute sind eben dem Boden näher als dem Himmel.

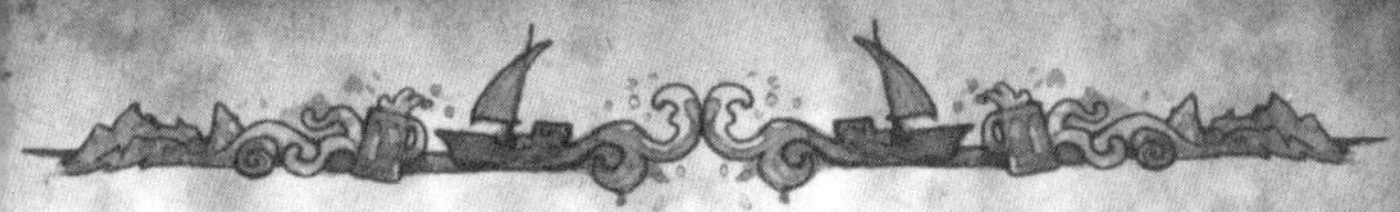

Eine Flusschifferin, mit der ich einen angenehmen Kneipenabend verbrachte, meinte, es läge weniger an den Zwergen, sondern eher am Gelde. Wenn die Albenhuser einen Praiostempel bauen, dann würde er groß und schön werden. Aber bisher mangele es Stadt und Gräfin am Golde für so ein Projekt. Ich habe so getan, als würde ich ihr glauben. Aber ich vermute, falls Albenhus tatsächlich in den kommenden Jahren an Bedeutung gewinnen sollte, wird die Kirche des Höchsten sicher Gelder locker machen, um auch hier zwischen Eisenwald und Koschbergen einen Hort des Glaubens zu schaffen.

Denn die Stadt scheint gerade eine Menge Wohlstand anzhäufen. Der Warenverkehr auf dem Großen Fluss floriert, und ich fand einige neue Tavernen und Herbergen. Eines der besseren Häuser rühmt sich inzwischen sogar eines horasischen Kochs. Albenhus bekommt Lebensart.

Aber auch ein größeres Herz für die Armen schlägt mittlerweile in der Stadt. So hat der Traviatempel jetzt ein Siechenhaus eingerichtet. Ich kann die demütigen Diener der gütigen Mutter nur zu ihrem Eifer beglückwünschen.

Während in dem hauptsächlich von Menschen bewohnten Vierteln am Südufer das Leben pulsiert, ist Alben am Nordufer weitgehend unverändert. Der mächtige Ingerimmtempel steht so unverrückbar wie die Steinhäuser der Angroschim, die man hier auf der Südseite nicht gerade schmeichelhaft auch mal als »Alberne« bezeichnet. Ich musste mich an die-

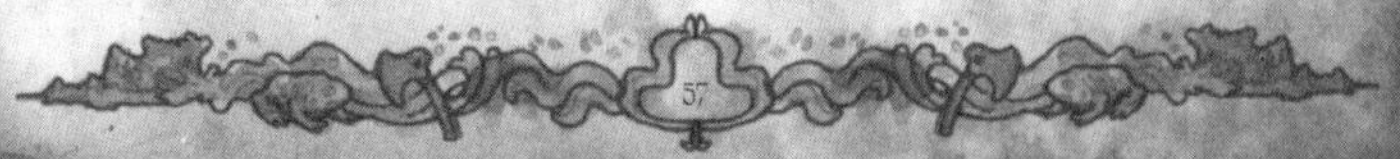

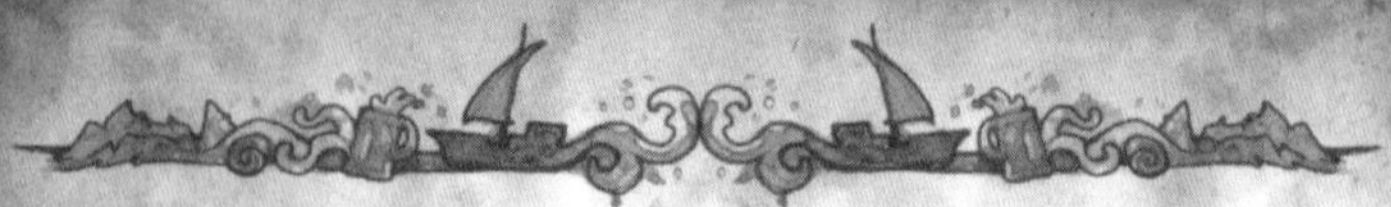

sen speziellen Wortgebrauch erst einmal gewöhnen. Die Abwertung ist natürlich beabsichtigt, während die Südseiter sich in der Rolle der wahren Albenhuser gefallen, weil man auf der Puniner Seite des Großen Flusses lebt und viel mehr Lebenslust hat als die störrischen Nordseiter, deren Ufer praktisch schon Andergast ist und als kalt und unwirtlich geschmäht wird, wohingegen Praios' Sonne doch lieber auf die Südhänge scheine. Ich finde ja, sie scheint überall, und besonders gern auf einen Tempel mit glänzender Kuppel, den es hier ja leider nicht gibt.

Diese Unterscheidung der Flussufer gilt im Übrigen nicht nur den Zwergen, sondern allen, die auf der Nordseite leben, den Solfurtern genauso wie den Koschgauern.

Die Nordseiter kontern derlei Geläster mit einem stoischen »Der Tempel steht in Alben!« und meinen damit den Ingerimmtempel, der vielen von ihnen wichtiger ist als der Tempel der rauschenden Wasser. Gleichsam lassen sie das Geschwätz der Südseiter wie besagtes Wasser an sich vorüberziehen.

Es heißt übrigen, dass die Stadt mit zunehmendem Handel auch immer mehr mit Piratenüberfällen zu kämpfen haben soll. Aber mach' Dir keine Sorgen, mich greifen die Piraten nicht an. Und wenn doch, dann wüsste ich mich schon zu verteidigen.

Ich grüße Dich in Liebe und Ergebenheit,
Deine Aurane

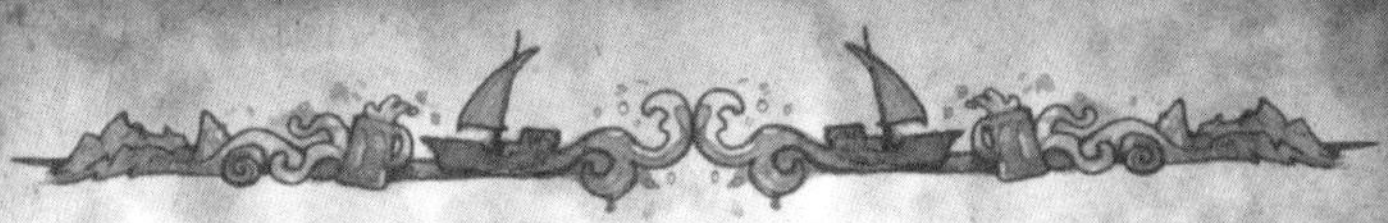

Aus den Aufzeichnungen der Inquisitorin Aurane von Weiseprein
Albenhus, 23. Phex, 1040 BF

Ich habe endlich Ottel gefunden. Wie gewünscht wurde er am Zoll aufgehalten. Man hat mir freundlicherweise einen Raum für die Befragung zur Verfügung gestellt. Auch schickte die Stadtgarde mir sogleich zwei Büttel, die vor der Tür Wache hielten. Ich übe mich in den Tugenden der Bescheidenheit, aber an diesen Siegelring könnte ich mich wahrlich gewöhnen. Er macht meine Arbeit um einiges leichter, vor allem, weil niemand von mir große Erklärungen erwartet. Als einfache Inquisitorin und Akoluthin kann man zwar auch auf das Wohlwollen und die Unterstützung der Behörden zählen, aber man muss sich gerade vor den weltlichen Stellen noch immer in gewissem Maße rechtfertigen. Als direkte Gesandte des Herzogs hingegen könnte ich einen eigenen Gardistentrupp anfordern und man würde ihn mir wahrscheinlich gewähren, ohne auch nur eine Frage zu stellen. Allerdings kann ich davon ausgehen, dass die Gräfin spätestens jetzt erfahren wird, dass ich in der Stadt weile. Mit etwas Glück werde ich Albenhus jedoch wieder verlassen haben, bevor ich gesellschaftlichen Verpflichtungen nachkommen muss.

Denn Ottel konnte mir tatsächlich weiterhelfen, gelobt sei der Höchste! Die Anwesenheit einer Inquisitorin schüchterte den Prospektor bereits so sehr ein, dass er sich schon im

Kerker verrotten sah, bevor ich ihm auch nur die erste Frage gestellt hatte.

Als ich ihn auf Ihre Hochgeboren ansprach, sprudelte die Schilderung des Treffens aus ihm heraus wie der Fluss um den Tempel der rauschenden Wasser.

Odrud von Weidenhag hatte ihn tatsächlich nach dem Helmkleinod ausgefragt, denn er hatte auf seinen Reisen ein solches Stück gesehen, und zwar im Besitz einer jungen Bauersfrau in einem Weiler in Nordgratenfels, deren Mann aus dem Krieg nicht zurückgekommen war.

Sie hatte ein wenig mit Ottel angebandelt, aber da sie eine kleine Tochter hatte, der ihre ganze Liebe gehörte, und er selbst keine Lust hatte, »irgendwann ein Kuckuckskind durchfüttern« zu müssen, wie er sich unerfreulich direkt ausdrückte, war aus ihnen nichts geworden.

In ihrer Hütte aber hatte so ein Kirschzweig aus Mammutbein gestanden, da war er ganz sicher. Und die Frau hatte die Schnitzerei fast ebenso eifersüchtig bewacht wie ihren Nachwuchs.

Als er die Anzeige im Greifenspiegel gelesen hatte, da war ihm alles wieder eingefallen. Er habe daraufhin Ihrer Hochgeboren alles berichtet, so wie mir, betonte er. Sie habe ihn mit acht Dukaten entlohnt, dann war er seiner Wege gegangen. So hatte er die Kosten für seine glücklose Handelsreise nach Elenvina wieder herausgeholt und sich für die Rückfahrt sogar ein Schiff leisten können.

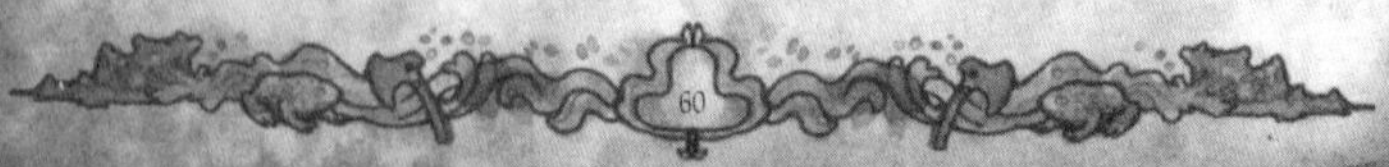

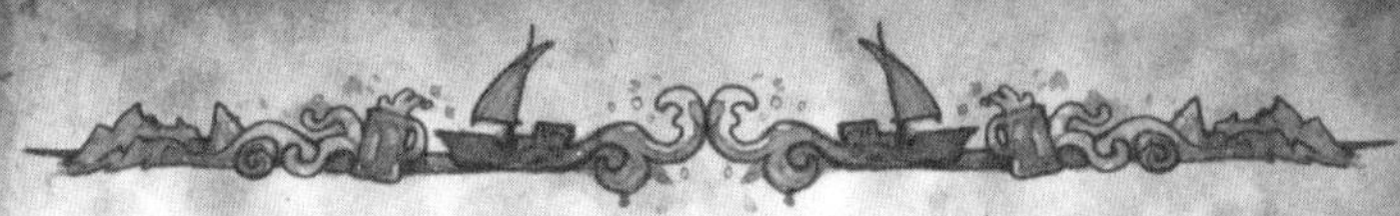

Die Bauersfrau hieß Madalind Trudwenger. Sonst wusste er nichts. Ich war mir sicher, dass er die Wahrheit sagte. Er war einigermaßen eingeschüchtert. Ich ließ ihn gehen.

Was diese Madalind und das Schankmädchen aus dem *Flusskönig* an ihm gefunden haben, verstehe ich nicht. Zugegeben, er ist groß, schlank, hat bereite Schultern und ein jungenhaftes Lächeln. Aber sobald er den Mund aufmacht, offenbart er höchst simple Gedanken und eine grobe, vulgäre Art. Man braucht schon eine gute Portion Stumpfsinn, um so einen Mann unterhaltsam oder gar beeindruckend zu finden.

Für mich bleibt nur der Schluss, dass Ihre Hoheit gen Gratenfels gereist ist, um dort nach dieser Frau Trudwenger zu suchen. Also werde ich desgleichen tun und wieder einmal Abschied von den glitzernden Wellen des Großen Flusses und seinen silbernen Uferweiden nehmen. Von den Fischerbooten, die wie bunte Flecken über die Wellen tanzen. Und von dem allgegenwärtigen Rauschen, das jedem wahren Elenviner längst ins Blut übergegangen ist.

Ottel und Hohendiek hingegen werden die Flussauen noch ein Weilchen bereisen. Und darum beneide ich sie ein wenig.

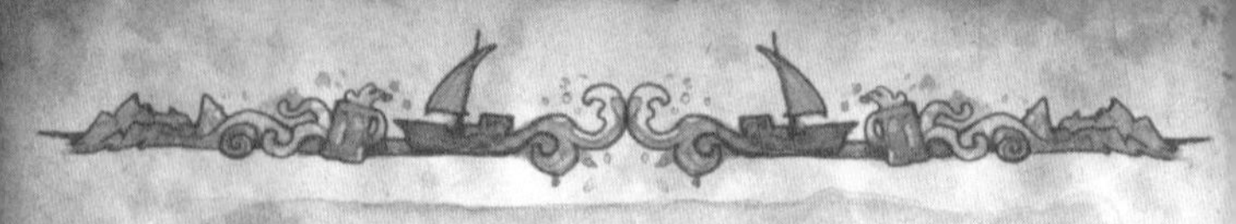

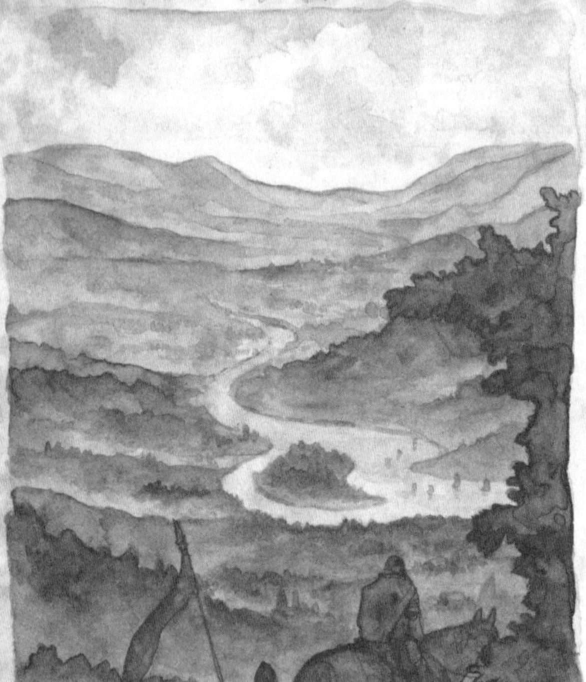

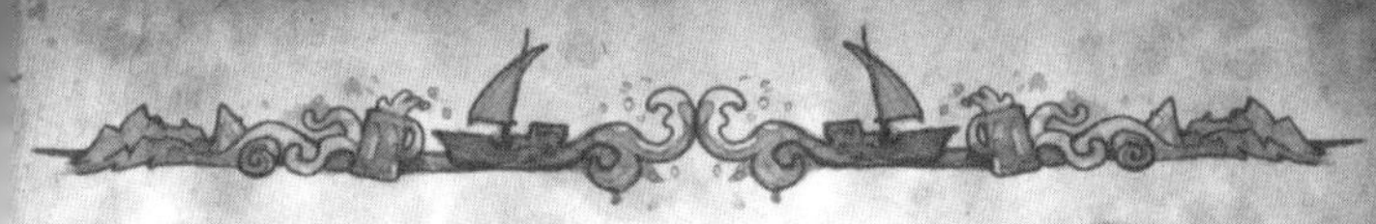

IV

Grumboschs Gipfelbräu

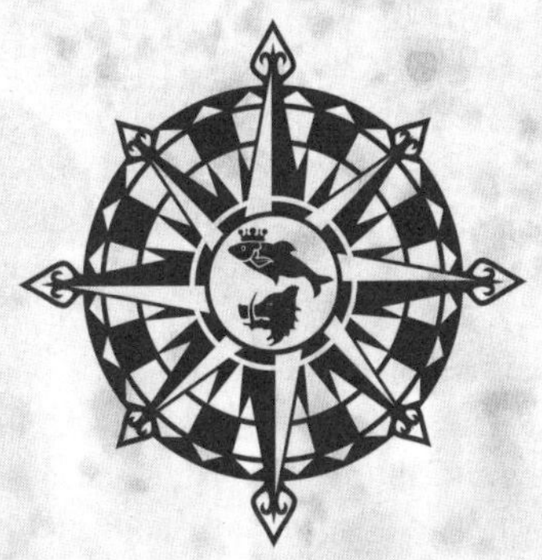

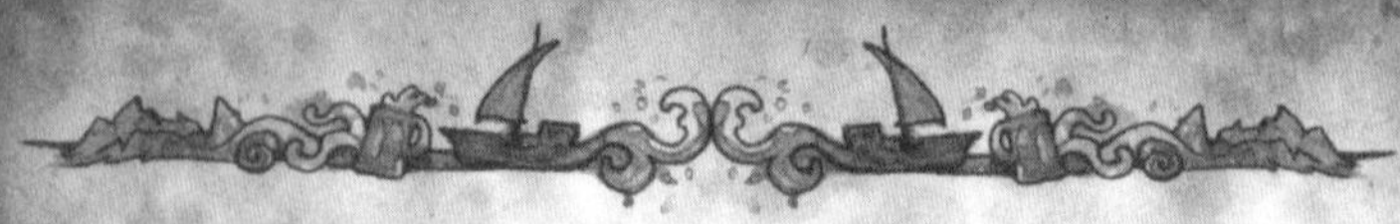

Feligras Tagebuch

Du liebes gutes Büchlein,
bei gutem Wetter, heißt es, könne man zu Pferd in zwei Tagen von Angbar bis Gratenfels reisen. Ich halte das für ein Gerücht. Von Frühjahr und Karren war in der Rechnung wohl nicht die Rede. Wie man es so schnell über den Greifenpass schaffen soll, weiß nicht. Wenn man ein Greif ist und fliegen kann, geht's vielleicht.

Aber wir sind nur zwei Ochsen und eine Angroschna und ein Mensch und wir schaffen's nicht so schnell. Bis Anpforten war alles kein Problem. Und auch danach ging es noch ein paar Stunden gemütlich über ein gut gepflastertes Sträßchen, aber dann kam der mühsame Aufstieg. Und je höher wir kamen, umso mehr hatte der Weg unterm Winter gelitten. Soweit oben wurde noch nicht aufgeräumt. Der Pass ist ja gerade erst wieder geöffnet. Die Ochsen zockelten gemütlich voran, doch plötzlich blieben sie stehen. Da lag doch tatsächlich ein Baum quer überm Weg. Gibt ja schon nicht mehr so viele Bäume auf der Höhe, auf der wir schon waren. Aber die, die es gibt, die besitzen auch noch die Frechheit, umzufallen, anstatt einfach stehen zu bleiben und den Schnee abzufangen, damit die Valpoldinger nicht von Lawinen erschlagen werden.

Diese eine krumme Kiefer quer über unserem Pfad jedenfalls taugte nur noch als Feuerholz. Zum ersten Mal erlebte ich, wie mein Begleiter misstrauisch wurde. Er lud seine Armbrust

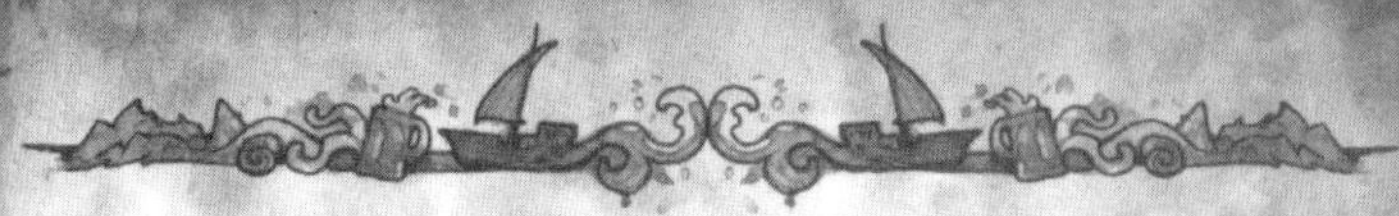

durch. Die drückte er mir in die Hand und hieß mich auf dem Wagen bleiben. Ich und eine Armbrust. Na, das kann ja was werden. Ich hatte jedenfalls keine Zeit, ihm zu sagen, dass ich nicht wegen des Schießens zum Schützenfest wollte, also tat ich, wie mir geheißen, und blieb auf dem Kutschbock, die Armbrust im Schoß, während Idamil mit der Axt auf der Schulter und einem Dolch im Stiefel zu dem Hindernis pirschte.

Er schien damit zu rechnen, dass jeden Moment irgendwelche Strauchdiebe hervorsprangen. Etwas misstrauisch, aber sehr umsichtig, der Mann. Da sich aber keine Wegelagerer zeigten, inspizierte er den Baum und dann zerlegte er ihn fachmännisch zu schrittlangen Stücken, die er am Wegesrand aufschichtete. Ich nutzte die Gelegenheit, um uns einen kleinen Imbiss im Kupfertopf zuzubereiten. Dazu nutze ich Reisig und Späne, die bei Idamils Arbeit abfielen.

Frisches Holz ist nicht ganz ideal, und so bekam mein Kohlsüppchen im Rauch ein eigenwilliges Kiefernaroma. Soll ja gesund sein. Während ich die Kohlkiefernsuppe mit getrockneten Saitlingen und Brot andickte, beobachtete ich meinen Begleiter. Kann mit der Axt gut umgehen. Hat man nicht so oft bei Menschen. Find' ich gut. Überhaupt sind Menschenmänner oftmals durchaus eine angenehme Begleitung für eine alleinstehende Angroschna. Die versuchen nicht immer gleich, einem den Hof zu machen. Ist viel entspannter.

Schließlich aßen wir Suppe, tranken einen Schluck gutes Angbarer Barom, das der Braumeister nicht verdorben hatte, dann

noch einen Vogelbeerschnaps für den Magen, und ließen es uns gut gehen. Während des Päuschens hielten wir Ausschau nach Valpoldingern, aber die zeigen sich ja bekanntermaßen nicht. Das fehlt noch auf meiner Liste, der Dinge, die ich machen möchte. Ich bin schon so viel herumgekommen, aber einen echten Valpoldinger habe ich noch nie gesehen.
Dann ging's weiter zum Greifenpass hinauf. Im Sommer gibt es am Weg sogar kleine Gasthäuser, doch die Hütten waren alle noch zu. Wir gehörten zu den ersten, die sich dem Pass wieder stellten, also war es wie auf einem Volksfest am Abend vor der Eröffnung: Die Buden stehen schon, aber der Platz ist noch leer und öd.
Daher übernachteten wir in einer halboffenen Schutzhütte. Und ich bin so froh, dass ich die Pelzweste eingepackt habe. Wie meine Großtante Ulschta aus Twergentrutz immer zu sagen pflegte: Der Herr Firun liebt die Berge fast so sehr wie wir Angroschim. Und man sollte meinen, dass sie Recht hatte. Der Winter geht hier oben nur sehr unwillig und kommt sehr früh schon wieder. Ich fand ein paar Stunden Schlaf, bei Idamil war ich mir nicht sicher. Entweder war's ihm zu kalt oder er hat einfach tapfer Wache gehalten. Ich machte ihm dann ein ordentliches Frühstück, mit Speck und Bohnen, die ich über Nacht im Kessel eingeweicht hatte, und einem kräftigen Obstbrand zum Durchwärmen.
Er ist so viel Umsicht in kulinarischen Fragen nicht gewohnt. Wahrscheinlich hat er erwartet, dass wir uns ausschließlich von Graukäse, Brot und Hartwurst ernähren. Aber nicht mit Feligra! Hier oben ist die Luft dünn, da braucht man beson-

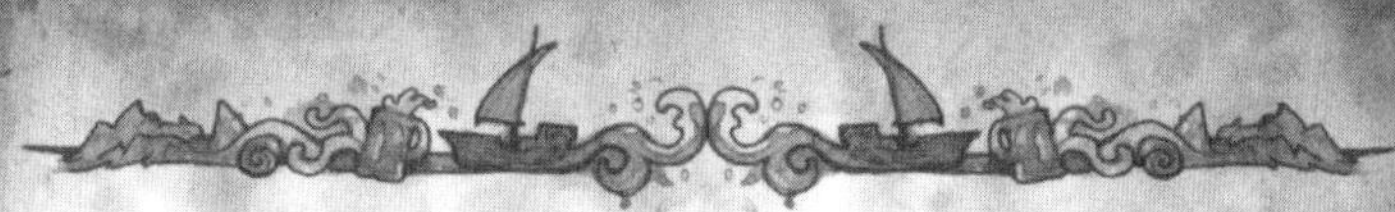

ders viel Kraft. Sonst fällt man ja noch vom Fleisch. Und dann hat er allen Ernstes gefragt, ob denn bei mir jede Mahlzeit zwei Stunden dauern würde. Ich erklärte ihm, dass man beim Kochen nun mal ein wenig Geduld braucht, wenn's schmecken soll, und dass eine angemessene Verdauungszeit sehr gesund für den Magen ist.

Daraufhin hat er sich dann einen Nachschlag genommen. Braver Mann. Aber immer ein bisschen hektisch, diese Menschen. Und keinerlei Esskultur!

Heute hat er auch nicht mehr gefragt, wofür ich die ganzen Vorräte brauche, die ich auf den Karren geladen habe. Ich denke, jetzt hat er's verstanden. Eine Feligra die vom Fleisch fällt, ist eine Feligra, die es nicht mehr lange macht. Und ich hab' vor, es noch eine ganze Weile zu machen.

Den Vormittag plauderten wir über unsere Berufe. Er erzählte gruselige Dinge aus Mendena, ich erzählte noch gruseligere Dinge aus den schlechtesten Braustuben des Landes und, wie ich mal tote Frösche in einem Braukessel gefunden hatte, weil die Leute der Meinung waren, an der Länge des Zappelns der Frösche die Temperatur im Kessel bestimmen zu können. Und dann zu dumm waren, die Frösche wieder herauszuholen. Dabei hat das Temperaturhalten etwas mit Erfahrung und Geduld zu tun. Aber daran mangelt es ja wie bekannt vor allem den Menschen.

Bei so etwas wünsch' ich mir oft, Vater Angrosch möge den Leuten Verstand in den Schädel hämmern. Wer so braut, für

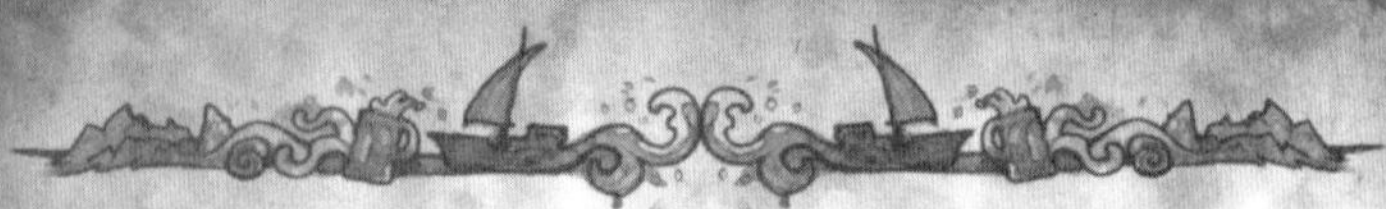

den gibt es einen speziellen Platz in Borons Hallen, wo es den ganzen Tag nur Elenviner Zungenkrauser und verdorbenes Sauerbier zu trinken gibt.

Ich teilte mit Idamil auch die Erinnerung wie ich bei einem Bergbauern in den Ingrakuppen bei Wolfenhag mal einen Wolfsmilch-Schnaps mit Mäuseköpfen drin bekam, weil die angeblich das Aroma verbessern. Oder die Geschichte von der Rattenplage in einem Brauhaus bei Moorbrück. Als ich ihm erzählte, wie die Ratten ihr Nest in der schlechtgelagerten Würze gemacht und dann der Geizkragen von einem Wirt doch tatsächlich der Meinung war, das merkt schon keiner, da spuckte er fast seinen Schnaps weg und konnte mit seinen Kriegsgeschichten einpacken.

Über der angenehmen Plauderei vergaßen wir fast die Kälte. In der Nacht suchten wir Unterschlupf in einer Höhle. Über die kältesten Stunden half uns ein Feuer, wir brieten rote Rüben und Winteräpfel in der Glut. Draußen jedoch heulte der Wind die ganze Nacht wie eine gefangene Seele und ich verstand, woher die Legenden über Hexen und Berggeister stammen, die man sich im Tiefland in langen Winternächten gerne erzählt.

Am nächsten Tag erreichten wir den höchsten Punkt. Von da an ging es wieder abwärts, doch auch die nächste Nacht hatten wir noch mit der Kälte zu kämpfen. Bis auf ein paar vereinzelte Wanderer, die uns winterlich vermummt auf dem Weg zum Schützenfest überholten, trafen wir keine Men-

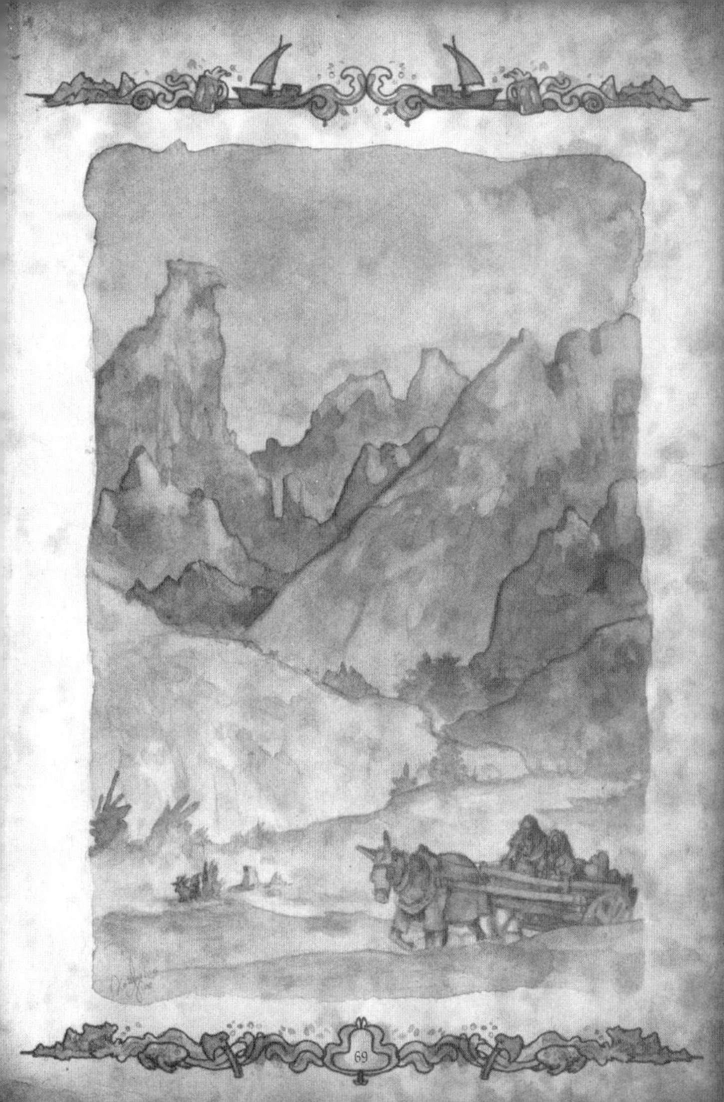

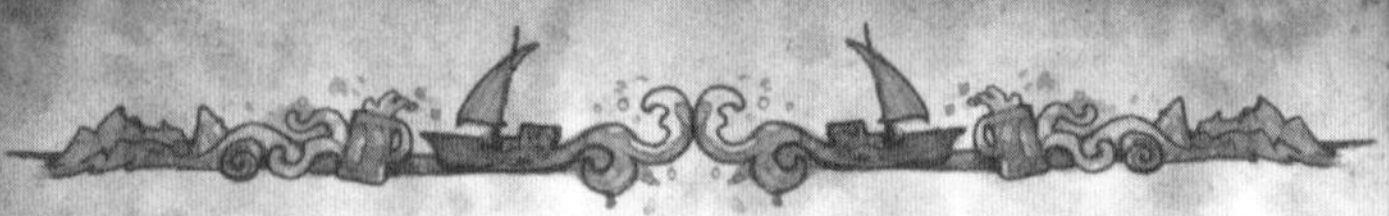

schenseele. Dafür erinnerten viele der bizarren Felsen und Klippen auf unserem Weg an versteinerte Wesen. Idamil gab eine Geschichte vom Rabbatzmann zum Besten. Ich konterte mit der Mär vom dummen Roland, der auf dem Greifenpass zwei Einhörnern begegnet, und – ihre Warnungen in den Wind schlagend – auf der Suche nach dem verlorenen Schatz eines Bergkönigs in den Tod stürzt.

Idamil hielt dagegen mit der Sage von der traurigen Frau, deren Rocksaum immer nass ist, als wäre sie durch eine Pfütze gelaufen, und die nachts die Gesellschaft unvorsichtiger Reisender sucht, um sie zu verführen und in einer verborgenen Quelle zu ertränken, wo sie selbst einstmals aus Liebeskummer den Tod gefunden hatte.

Ich holte den Klassiker vom Smaragdjungen hervor, der Reisende übertölpelt, indem er ihnen im Austausch für ihren Proviant angebliche Smaragde verkauft, die er in einem alten Zwergenstollen beim Spielen gefunden haben will. Die Smaragde verwandeln sich jedoch über Nacht in Kuhmist, und wer mit dem Smaragdjungen Geschäfte macht, ist verflucht und wird niemals wieder im Greifenpass Wild erjagen können. So soll schon so mancher Narr verhungert sein. Idamil meinte dann, wir seien auf jeden Fall sicher vor diesem Smaragdburschen, vom dem die Twergentrutzer sagen, er sei in Wahrheit ein bösartiger Grolm. Denn ich würde niemals meinen Proviant verkaufen. Wie recht er hat. Da beweist sich wieder einmal, dass man Gold und Reichtümer nicht essen kann, und egal wie

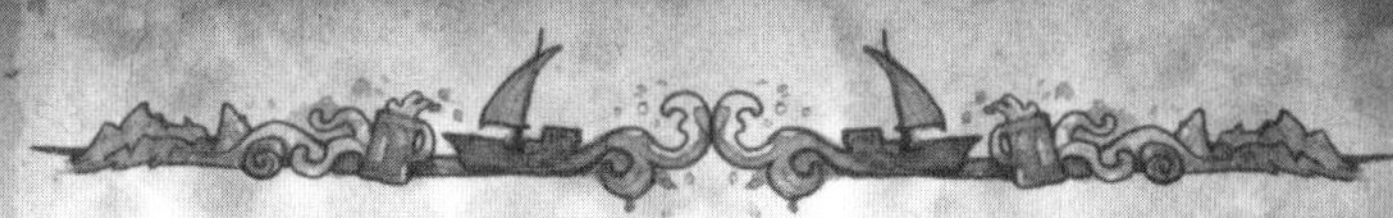

gut man kocht, aus einem Smaragd wird keine Abendmahlzeit. Es sei denn, man ist vielleicht Balthasar Balthusius.
So reihte sich eine Schauergeschichte an die nächste, und es fällt mir schwer zu sagen, wer von uns die besseren erzählt hat.
Am nächsten Tag trafen wir zum Glück weder eine Frau mit nassem Rock, noch Riesen oder ein geschäftstüchtiges Kind mit Edelsteinen, aber immerhin zwei Bergbauern auf dem Weg nach Angbar und einen Schäfer, der seine Herde auf den ersten schneefreien Wiesen weidete. Ich erkundigte mich bei ihm nach den Gefahren der Gegend. Ein wenig Vogelbeerschnaps und Wurstbrot lockerten seine Zunge immerhin soweit, dass er eine Warnung vor Räubern murmelte, die einige hundert Schritt tiefer Reisenden auflauerten.
So waren wir auf den Hinterhalt vorbereitet und legten einen eigenen. Idamil versteckte sich zwischen den Fässern, so gab ich vor, allein zu reisen.
Und es kam wie angekündigt. Ein paar Strauchdiebe schossen von einer Klippe oberhalb der Passstraße Warnschüsse, dann stürmten drei Schufte die Wiese herauf, um mich zu umzingeln. Doch anstatt angesichts des Beschusses eingeschüchtert anzuhalten, feuerte ich die Ochsen zu mehr Geschwindigkeit an. Gleichzeitig sprang Idamil auf und rollte den Schuften einige Fässer entgegen, was die Angreifer ziemlich durcheinanderbrachte. Vor dem Pfeilhagel von oben schützte er sich mit einem Fassdeckel, den er wie einen

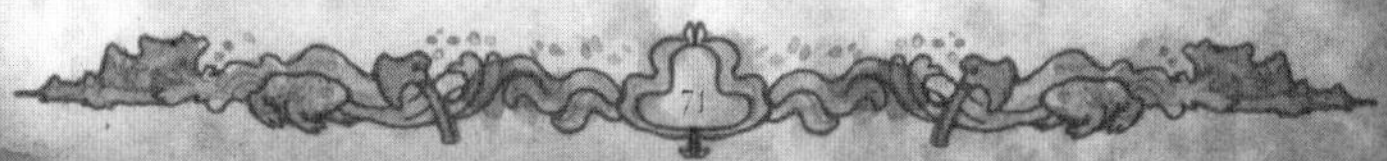

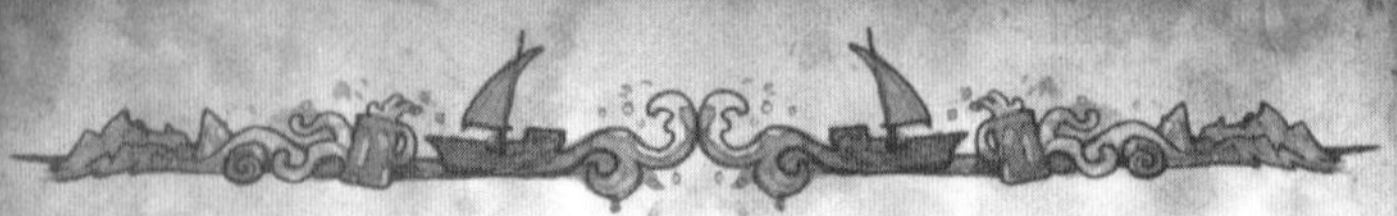

Schild benutzte. Ich hatte mir ebenfalls einen solchen Deckel bereitgelegt. Den hielt ich über mich, während ich die Ochsen einfach rennen ließ.

So gingen vier meiner Fässer dahin, aber wir kamen mit heiler Haut davon und waren um eine gute Geschichte reicher, als wir spät abends Vetter Grumboschs Gaststube erreichten.

Im Sommer lebt das Geschäft von den Reisenden, im Winter ist das Gasthaus geschlossen. Dann zieht Grumbosch in ein Dörfchen an der Reichstraße, brennt neue Schnapsvorräte für den Rest des Jahres, zieht Schwarzwurz und Rotkohl im Garten, macht Sauerrüben und Kraut und schmiedet kleine Talismane und Glücksbringer für den Weg. Das alles verkauft er im Sommer in seinem Gasthaus an Reisende.

Aber sein Barom braut er lieber im Keller seines Gasthauses, weil er da mehr Ruhe und das beste Wasser hat. Es stammt aus einer kleinen Gebirgsquelle.

Die Ruhe wurde durch unsere Ankunft gestört, aber für seine liebe Base öffnet er seine Tore auch schon einmal ein paar Tage vor Beginn der eigentlichen Wanderzeit.

Und mein Brief hatte ihn tatsächlich erreicht. Vater Ingerimm und Mutter Travia sei Dank! Der Braukessel war schon bereit. Die nächsten drei Tage lebten wir praktisch neben der Braupfanne, selbst nachts hielt einer von uns Wache.

So wurde die Ehre der Angbarer Bierbrauer dreißig Meilen vor Gratenfels gerettet. Gemeinsam erschufen wir im Schweiße unseres Angesichts und unter Aufbietung all unse-

rer Kunst und Nerven eine gute Grut, der man nicht anmerkte, wie stark wir improvisieren mussten, da eine Biersaison zu Ende war, die andere aber noch nicht recht begonnen hatte. Grumbosch schlug vor, sich an einem Eisbock zu versuchen, da es um diese Jahreszeit noch kalt genug sei. Mit Idamils Hilfe schleppten wir die Fässer nach draußen und gaben ihnen eine lange Bergnacht Zeit.

So entstand schließlich ein süßer, starker Eisbock, der nach Malz, Wildkräutern und Honig schmeckte und dessen Schaum an geschlagenen Rahm erinnerte. Wir nannten es *Grumboschs Gipfelbräu*.

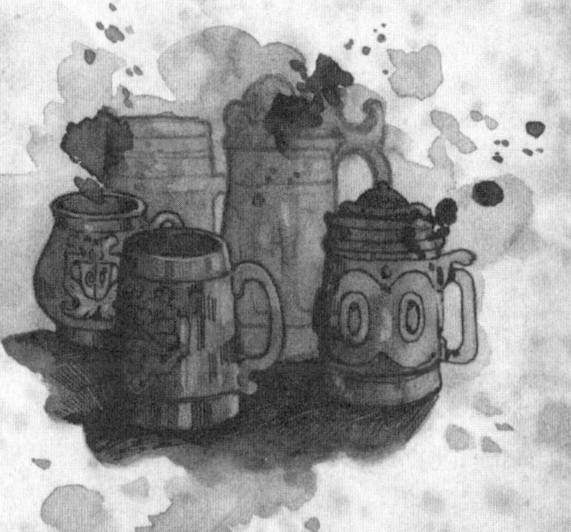

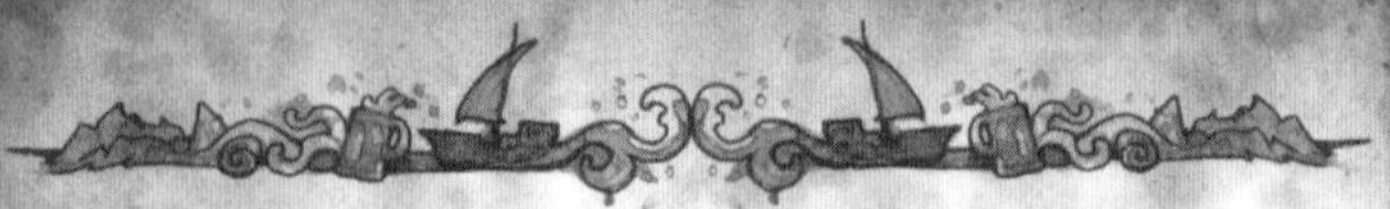

Meine verlorenen Fässer ersetzte der gute Grumbosch mir auch. Als ich fragte, wie ich mich für diesen riesigen Gefallen erkenntlich zeigen könnte, zuckte er nur mit den Schultern und brummte was davon, dass ich ihm mal eine Frau vorstellen könnte.

Das setze ich auf meine Agenda für den Sommer. Der Rahja ist sicher ein guter Mond um mit Xandareschs Tochter Grimma eine Landpartie zu machen.

Sobald das Bier fertig war, füllten wir es in höchster Eile ab und luden es auf. Von nun an konnten wir uns keine Pausen mehr leisten. Also, bis auf die Notwendigsten vormittags, mittags und nachmittags. Wir hetzten also nach Gratenfels. Und wir schafften es trotz aller Eile erst einen Tag vor Festbeginn. Die Veranstalter waren nicht gerade begeistert ob meiner Verspätung, aber gleichzeitig so erleichtert, dass das vom Fürst georderte Bier sicher angekommen war, dass ich mich recht schnell aus der Affäre ziehen konnte.

Ich bin so froh, dass alles geklappt hat. Und mir zittern die Finger beim Schreiben, wenn ich rückblickend darüber nachdenke, was passiert wäre, wenn es Grumbosch und sein Gasthaus nicht gegeben hätte.

In der Zwischenzeit meldete Idamil sich und seine Armbrust für einen der Wettbewerbe an. Ich übernahm seine Startgebühr und beschloss, ihn noch eine Weile zu begleiten. Das bin ich dem Mann schuldig, der mir geholfen hat, Fürst Blasius nicht zu enttäuschen.

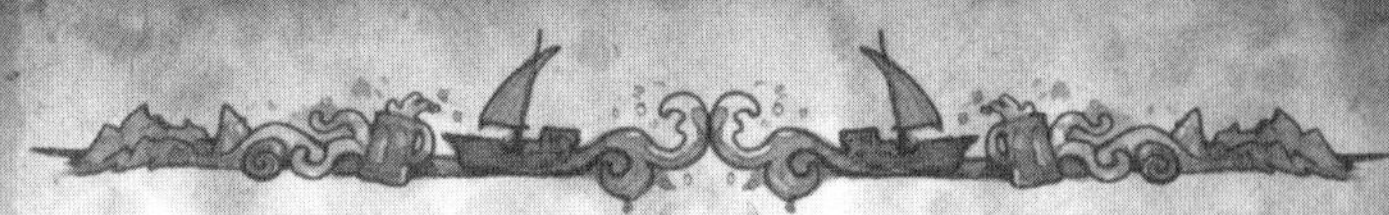

Ich will Idamil beim Turnier anfeuern, und gemeinsam werden wir das Fest genießen, für dessen Gelingen wir uns so angestrengt haben. Das ist der Plan.

Wir sind bei meinem alten Freund Wilbur Zurrebrodt untergekommen. Den Idamil habe ich mitgenommen. Der Ärmste würde sowieso kein Zimmer mehr bekommen, denn in Gratenfels sind alle Betten belegt. Fürs Fest sind sogar viele Familien zusammengerückt und haben mindestens ein Bett für Gäste freigemacht, und das nicht nur für die eigenen. Fast alle von Wilburs Nachbarn erwirtschaften sich in der Festwoche kleine Nebenverdienste, indem sie eine Kammer und ein Bett mit Frühstück feilbieten.

Den Göttern sei Dank, hat Wilbur keine weiteren Gäste ins Haus geholt. So konnten wir in Ruhe, nachdem wir alles erledigt und uns durch die Ströme feierfreudiger Leute durchgearbeitet hatten, bei einem kleinen Käseteller meinen Vogelbeerschnaps und Wilburs Obstler verkosten.

Jetzt sitze ich in meiner Schlafkammer. Ich hole mein Schreiben nach, weil Idamil, dem Wilbur noch ein altes Feldbett auf den Flur gestellt hat, laut schnarcht. Fast übertönt er die lärmenden Jungbullen da draußen, die gerade singend die Straße herunterziehen und offenbar entschieden haben, das Fest jetzt schon zu eröffnen. Möge der heilige Kupperus ihre Stimmen mäßigen und mir einen erholsamen Schlaf schenken.

Jedes Jahr das gleiche Spiel.

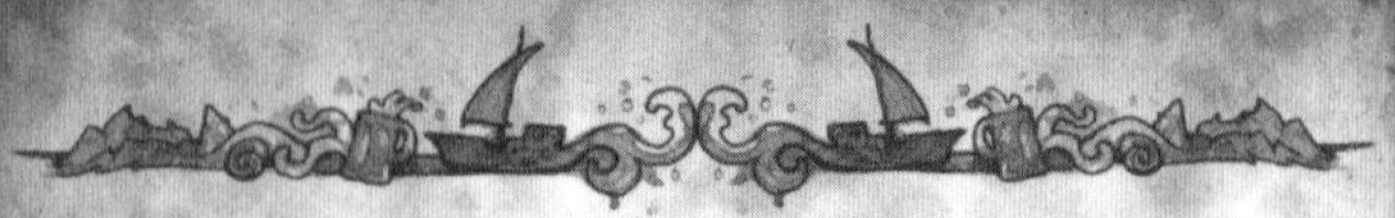

Aus den Aufzeichnungen der Inquisitorin Aurane von Weiseprein
Nummath, 27. Phex 1040 BF

Ich musste in Nummath eine Pause einlegen. Luri lahmt seit gestern deutlich. Ich habe ihr wohl doch zu schnell wieder zu viel abverlangt. Wir werden hier zwei Tage rasten, dann muss ich weiter. Der Stallbursche macht Luri Kräuterumschläge, wir sollten aber dringend bei einem Rossarzt vorstellig werden. Vorerst muss ich mich wohl auf die lokalen Heilmethoden verlassen. Vielleicht finde ich in Gratenfels einen Heiler, der im Heer gedient hat; die kennen sich auch mit Pferden gut aus. Ich habe mich unauffällig nach der Herzogenmutter erkundigt. Anscheinend reist sie als Junkerin von Zehnthof durch die Lande. Odrud hält jeder für ihre Tochter. Ich kann kaum fassen, dass dieses Spiel so lange funktionieren kann, ist Ihre Hoheit doch den Menschen der Nordmarken keine Unbekannte. Aber während meiner Untersuchungen im Dienste der Inquisition stelle ich immer wieder fest, dass Menschen die bemerkenswerte Fähigkeit besitzen, immer nur das zu sehen, was sie zu sehen erwarten. Eine Eigenschaft, die sich jeder Gaukler und jeder Taschendieb nur zu gerne zunutze macht.

Solange Ihre Hoheit nicht zufällig einen persönlichen Bekannten trifft, wird kein Gastwirt und kein Büttel sie erkennen, obwohl ihr Konterfei in Eisen gehämmert noch an so manchem Haus hängt. Viele treue Nordmärker schmücken ihre Heime mit ornamentverzierten Schluckplatten aus silbe-

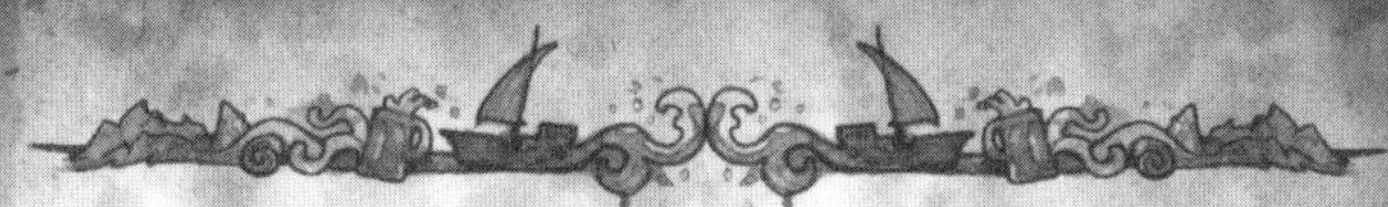

rüberzogenem Eisen oder Kupfer, die die Häupter des Hauses vom Großen Fluss zeigen. Oftmals blicke ich einer mehr oder weniger realistischen Darstellung von Hagrobalds Profil entgegen, aber nicht selten sehe ich auch ältere Schmuckstücke, die noch seine Eltern zeigen, wenn auch als junge Menschen. Heutzutage bilden die Schmiede weitaus lieber die holde Concabella ab.
Alles in allem rechnet niemand außerhalb Elenvinas groß damit, er könne einmal Grimberta Haugmin vom Großen Fluss und vom Berg persönlich gegenüberstehen. Und so kann sie wohl als Junkerin durchkommen, solange sie nichts Auffälliges tut.

Gratenfels, 3. Peraine 1040 BF

Ich habe Gratenfels schließlich erreicht, gerade als das Fest eröffnet wurde.
In Gesellschaft unzähliger Zuschauer und Festteilnehmer aus allen Teilen der Nordmarken und des Kosch lauschte ich der Eröffnungsrede des Herzogs am Turnierplatz vor den Toren der Stadt. Sie war ergreifend.
Da ich zu diesem Zeitpunkt keine Möglichkeit sah, zum Herzog durchgelassen zu werden, wandte ich mich erst einmal in Richtung der Stadt. Kaum hatte ich die Tore passiert, schloss sich die lärmende Menge um mich wie das Wasser um einen Taucher. Festbesucher drängten sich in den Gassen. Die Leute suchten gute Geschäfte, neue Bekanntschaf-

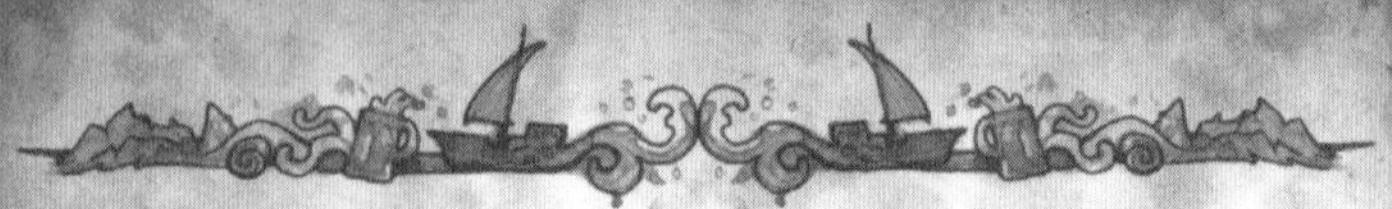

ten, Ruhm, und in vielen Fällen einfach nur das nächste Bier. Oder von allem etwas.
Ich flüchtete in ein kleines Gasthaus, in dem ich immer unterkomme, wenn ich in Gratenfels bin. Es hat einen guten Stall. Seit der Pause in Nummath humpelt Luri weniger stark, aber ich mache mir trotzdem noch Sorgen, dass sie die Schwäche vielleicht nicht wieder loswird. Dem Gasthof habe ich nicht gerade wenig dafür gezahlt, dass ein fachkundiger Rossarzt sich ihrer annimmt. Aber ich werde mir selbst ein Bild von seinen Fähigkeiten machen müssen.
Das Haus war, wie zu erwarten, bereits bis zur Besenkammer belegt. Aber da ich darauf bestand, dass niemand traviaungefällig hinausgeworfen werden soll, bestand ich lediglich auf einem Stallplatz für Luri.
Ich selbst fand Aufnahme im Praiostempel, aber sogar dort muss ich mir mein Zimmer mit zwei Tempeldienern teilen. Ich glaube, es gibt nicht eine Kammer in der Stadt, die nicht schon belegt ist. Immerhin muss ich nicht in einer Toreinfahrt oder auf dem Marktplatz nächtigen, wie es einige andere Spätankömmlinge halten müssen. Daher bin ich nicht undankbar für ein Dach über dem Kopf und ein Eckchen am Kamin, wo man mir jede Menge Felle und Decken zu einem hübschen Lager aufgeschichtet hat.
Abends begab ich mir zur Gräflichen Residenz, wo der Herzog beim Landgrafen zu Gast geladen ist. Ich richtete mich darauf ein, womöglich erst nach dem Turnier eine Audienz zu bekommen, doch Hagrobald ließ mich sofort zu sich rufen.

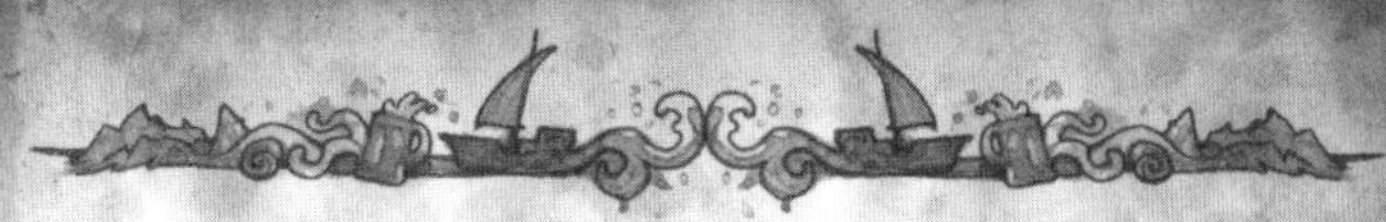

Diesmal trug er weit prunkvollere Gewänder als bei unserer ersten Begegnung. Ein blauer Waffenrock, auf dessen Vorderseite aus feinstem Silber der Barsch, das Wappentier des Hauses vom Großen Fluss gestickt war. Dazu ein Barett und einen Umhang aus feinstem zwergischem Brokat. Wahrscheinlich war er gerade einem offiziellen Gespräch enteilt. Selbst in dieser edlen Kleidung erschien er mir mehr wie ein unerschrockener Ritter, der zum Wohle des Reichs in die Schlacht ritt, als ein Politiker.

Um ihn nicht länger als unbedingt nötig von seinen Pflichten abzuhalten, hielt ich meinen Bericht kurz. Einen kurzen Augenblick lang glaubte ich, Wohlwollen in seinem Blick zu lesen. Meine Beschreibung der Helmfigur nahm er mit einem Stirnrunzeln auf. Ein Kopfschütteln deutete mir an, dass ihm die Figur ebenso ein Rätsel war wie mir.

Der Mangel an Resultaten konnte nicht gefallen. So bat ich ihn darum, mir auch weiterhin zu vertrauen, obwohl es mir noch nicht gelungen war, Ihre Hoheit ausfindig zu machen.

Er quittierte meine Worte mit einem kurzen Nicken. Dann befahl er mir, weiterzusuchen und unverzüglich der Spur nach Nordgratenfels zu folgen.

Den Rest des Tages werde ich wohl damit zubringen, mir irgendwo ein Pferd zu borgen. Luri lasse ich lieber noch eine Weile verschnaufen. Sonst reite ich das arme Tier womöglich für immer zuschanden, und für den Abdecker ist sie noch viel zu jung. Ich werde mich unter den angereisten Angehörigen des Adelstands umhören und ein paar alte Kontakte aufleben lassen. Vielleicht kann mir jemand ein Zweitpferd überlassen.

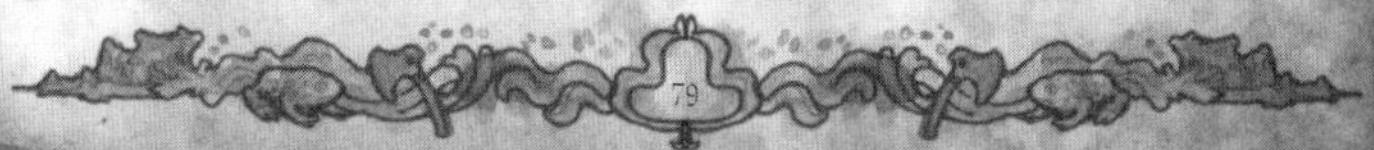

Brief an
Radegunde von Weiseprein
Elenvina
Gratenfels, Peraine 1040 BF

Liebe Großmutter,
inzwischen bin ich nach Gratenfels gelangt, und ich habe das Vergnügen, mir einige der gerade stattfindenden Festivitäten anzuschauen und ein wenig Kontaktpflege zu betreiben. Es soll schließlich nicht wieder heißen, ich würde meine Arbeit vorschieben, um mich vor familiären Verpflichtungen zu drücken.
Die Stadt ist zu voll und zu eng für die Menschenmassen, die dieses Jahr angereist sind, aber die Stimmung ist gut. Alles in allem könnte es Dir hier gefallen.
Auf den Wiesen vor den Mauern steht eine Zeltstadt. Weithin leuchten die bunten Wipfel in der Frühlingssonne. Viele der Zelte sind groß und prunkvoll. Edle Wappen, die oft bereits in die Tuchbahn eingewebt sind, verweisen auf die vornehme Herkunft ihrer Besitzer. Unser Adel ist in großer Zahl zum Fest gereist, sicherlich wegen des Turniers.
Seine Hoheit, der Herzog, war natürlich auch schon da. Ihm gehört das größte und schönste Zelt, aber natürlich nächtigt er nicht auf der Festwiese, sondern in der Gräflichen Residenz. Den Gerüchten nach hat der Landgraf in diesem großen Bau ohnehin zu viel Platz, daher hält der Herzog dort

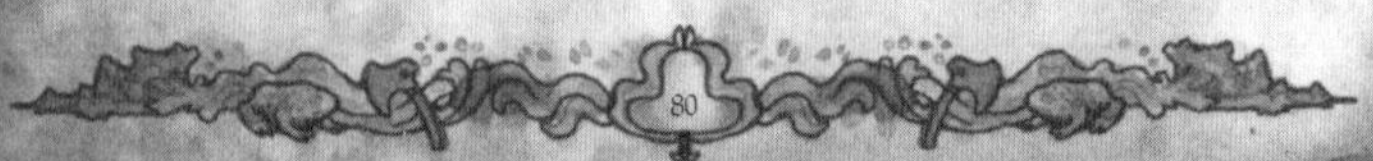

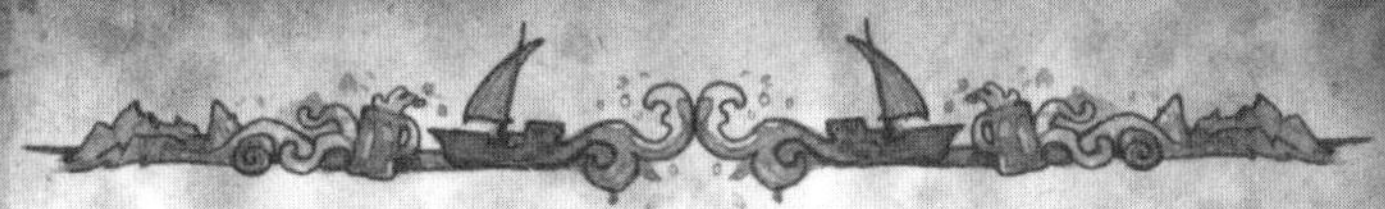

Hof, und für einen Augenblick mag die gräfliche Residenz an unsere stolze Burg Eilenwïd erinnern.

Junker, Ritter und Barone genießen gemeinsam das fröhliche Lagerleben. Der Höchste und auch Efferd scheinen mit gnädigem Blick auf Gratenfels herabzuschauen, denn bisher wärmt tagsüber die Sonne und auch die Nächte sind einigermaßen mild. Man merkt sofort, warum die Gegend auch Peraines Schoß genannt wird. Der Kosch hält den rauen Wind ab und überall sprießt schon das erste junge Grün des Weizens auf den Feldern. Nirgendwo anders habe ich so viele Felder und gepflegte Obstwiesen gesehen wie im Umland; auch in der Stadt pflegt fast jeder Hausbesitzer seinen Garten wie ein Kleinod. Die Ifirnsglöckchen sind hier schon alle verblüht, und auf den Fensterbänken recken Veilchen und Küchenschelle ihre bunten Köpfe gen Himmel.

Die Liebe der Gratenfelser zu dem, was ihr Grund und Boden hervorbringt, steht in einem seltsamen, aber durchaus reizvollen Gegensatz zu den vielen Mauern und Wehrtürmen der Stadt. Kaum ein Straßenzug wurde nicht mit Frühlingsblüten oder bunten Girlanden geschmückt. In der Nordgarnison, die sonst als Markthalle dient, wurden Räumlichkeiten für das Fest bereitgestellt. Dort wurde alles mit blühenden Kirschzweigen dekoriert, die man zuvor in der Vase gezogen hatte.

Womöglich dient auch all das dazu, den für die Stadt charakteristischen Odor nach faulen Eiern zu übertünchen, der beständig aus den Schwefelquellen kriecht und längst wie eine

hartnäckige Flechte an den Mauern und Pflastersteinen von Gratenfels zu kleben scheint. Ich versichere Dir, nach den ersten Stunden gewöhnt man sich daran.

Städter wie Zugereiste scheinen sich nach dem kriegsbedingten Ausfall im vergangenen Jahr nun umso mehr auf das Fest zu freuen. Fast allen Herrn und Damen von Stand ist die Tjoste der Edlen allerdings weit wichtiger als die namensgebenden Schützenwettbewerbe. Doch können sich auch diese nicht über einen Mangel an Teilnehmern beklagen: Es sollen über hundert Schützen angereist sein, die nur danach lechzen, ihre scharfen Augen und ihre ruhige Hand im Wettstreit zu messen.

Alles in allem scheint man hier alles dransetzen zu wollen, diese Feier zum größten und schönsten Schützenfest zu machen, das die Stadt je gesehen hat.

Die dunklen Wolken und Vorboten schwerer Zeiten, die letztes Jahr alles Leben überschattet haben, sind in diesen Tagen wie weggeblasen von einem frischen, duftenden Frühlingswind. Ich bin dankbar, dass ich hier bin, um diese besondere, gelöste Stimmung erleben zu dürfen.

Und das, wo doch die Gratenfelser sich sonst eher knauserig und mürrisch geben. Aber wahrscheinlich gefällt den meisten die Aussicht auf gute Geschäfte und neue Einnahmen, und sie hoffen darauf, etwas vom Freibier abzubekommen, das Fürst Blasius vom Eberstamm gespendet hat.

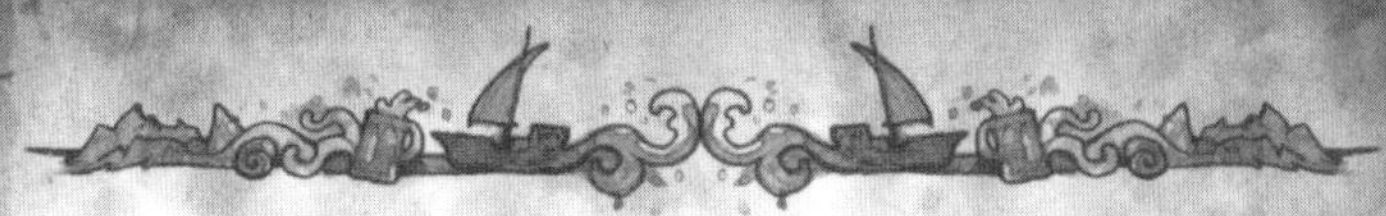

Die allgemeine gute Laune hat auch mit einer feurigen Rede Seiner Hoheit zu tun. Er lobte den Mut der treuen Recken, das Durchhaltevermögen und die Treue des Volkes und schwor uns alle auf gute kommende Zeiten ein. Ich glaube, man müsste schon ein besonders böswilliger Gesell' sein, um sich der Euphorie zu entziehen, die wie tausend helle Funken auf das Publikum übersprang.

Noch dazu, weil gleich darauf der Fürst vom Eberstamm das erste Fass eines Angbarer Starkbiers anstach, das unter den Festgästen frei ausgeschenkt wurde.

Bald muss ich weiter nach Nordgratenfels. Das ganze Schützenfest werde ich mir wohl nicht ansehen können. Doch heute Abend bin ich bei Helmwart von Hardenfels zu Gast geladen, einem entfernten Verwandten der Gräfin von Albenhus. Ich habe ihm vor einigen Jahren rechtlichen Rat gegeben und anscheinend hat er mir die Hilfe von damals nicht vergessen.

Ich verbleibe,
Deine Dich liebende Enkelin Aurane

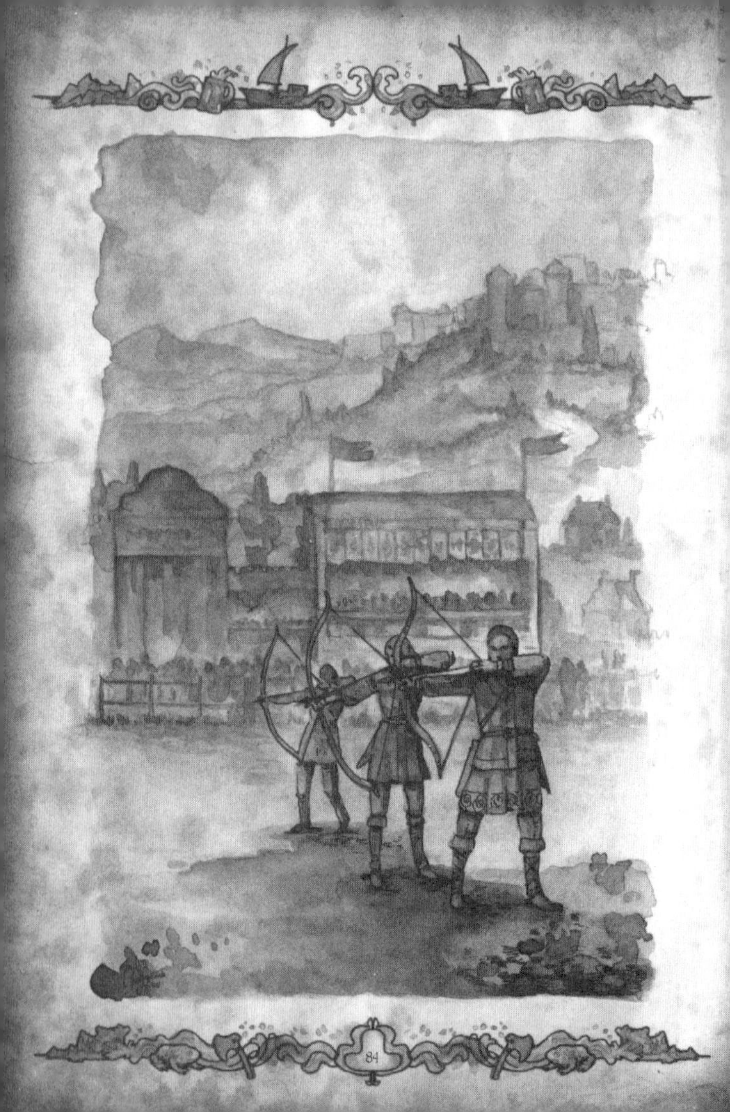

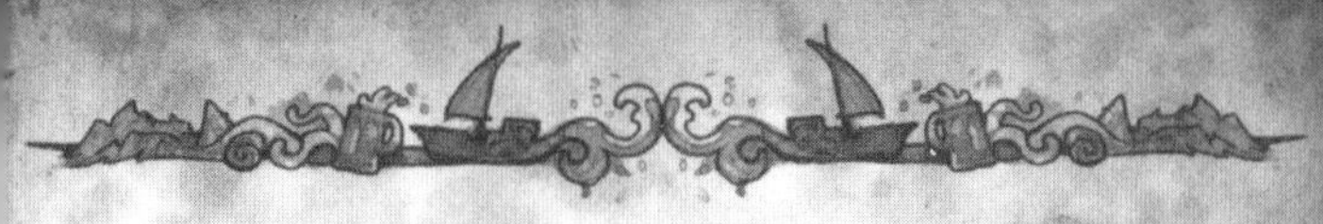

V

Wie ich mit einer Inquisitorin Schnaps verkostet habe

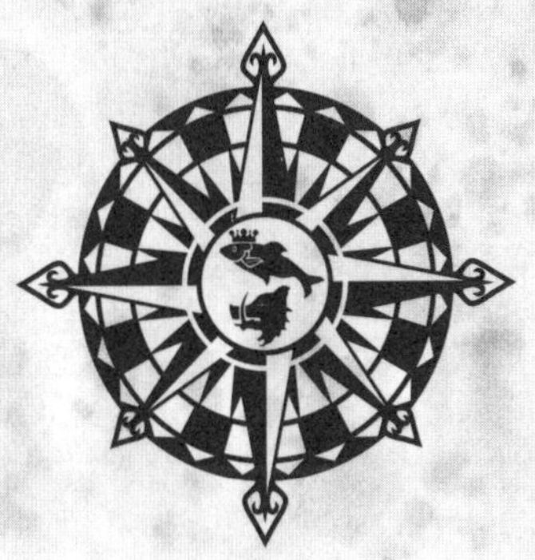

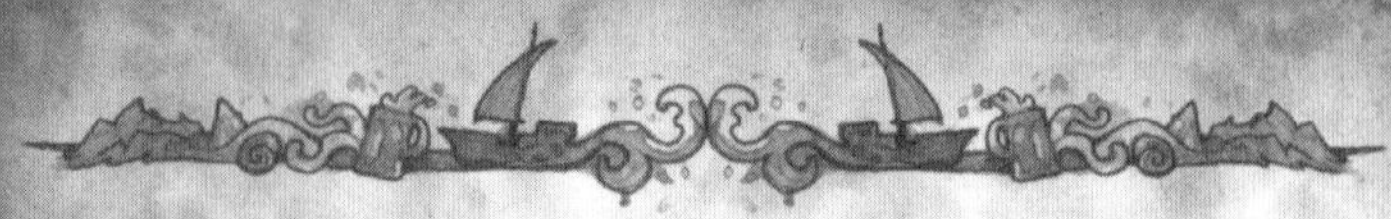

Du liebes gutes Büchlein,
also dieses Schützenfest hat ja einen völlig anderen Verlauf genommen, als ich mir jemals in meinen bizarrsten Träumen hätte ausmalen können. Wenn mir noch vor ein paar Tagen jemand gesagt hätte, dass ich mich mit drei hohen Leuten von Rang und Namen besaufen würde! Wobei, so kann man das ja auch nicht sagen.
Begonnen hat alles damit, dass Idamil bei einem Wettschießen über 60 Schritt angetreten ist. Dabei habe ich seine Armbrust nun endlich einmal im Einsatz erleben können. Inzwischen weiß ich, dass es sich dabei um eine Angbarer Mauerwehr handelt. Habe Balakosch, den Neffen dritten Grades von Grischa Eisenbichler aus dem Ferdoker Zweig der Eisenbichlers getroffen. Der trug einen Bauchladen mit selbstgeschmiedeten Eisenwaren durch die Gegend, bot Bolzen, Werkzeug und kleine Zinnfiguren von kaiserlichen Schützen feil. Letztere fanden reißenden Absatz als Mitbringsel für die Daheimgebliebenen. Was hat der sich über das Wiedersehen gefreut! Und ich auch, schließlich haben wir uns das letzte Mal vor zwei Jahren auf der Angbarer Warenschau gesehen.
Während wir uns zwischen den Zugroßgeratenenen hindurchdrängten, um überhaupt einen Blick auf Idamil und seine Konkurrenten werfen zu können, erklärte mir Balakosch mehr über Armbrüste, als ich je wissen wollte oder mir

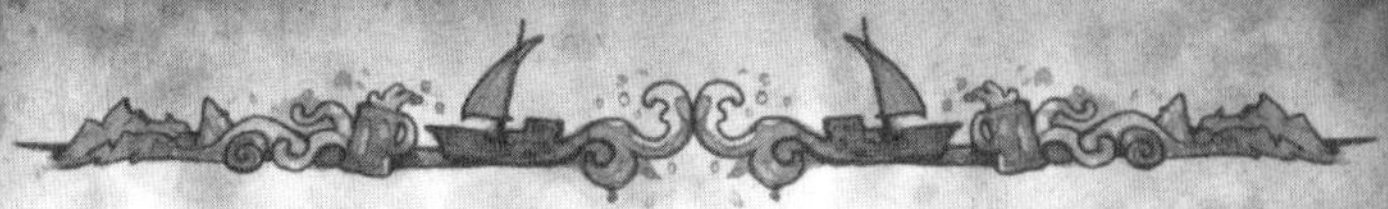

merken könnte. Alles in allem trotzdem sehr aufschlussreich. Aber er redet genauso viel wie seine Mutter.

Viele der Schützen, die hier antraten und die erste Runde überstanden, hatten in irgendeinem Regiment gedient. Bei der Gratenfelser Koschwacht, bei Ingerimms Hammer oder gar in der Flussgarde.

Idamil hatte es nicht leicht. Er schaffte es immerhin bis in die letzte Runde, wo er dann in einem spannenden Stechen gegen einen stoisch dreinblickenden Erzzwerg verlor.

Entsprechend misslaunig kam er vom Turnier, obwohl er jede Menge Applaus erhalten hatte. Wie es oft bei solchen Wettbewerben ist, ärgert sich der, der knapp den Sieg an sich vorbeiziehen sah, mehr als einer, der schon früh ausgeschieden ist. Ich finde trotzdem, dass er sich äußerst wacker geschlagen hat.

Ich wäre eine schlechte Braugrevin, wenn ich nicht gewusst hätte, in welcher Wirtschaft man um diese Zeit noch etwas von Grumboschs Gipfelbräu bekommen konnte. Wir tranken erst einmal aufs Fest und die Gesundheit, und auf die Gesundheit des Fürsten, und dann nochmal einen für den Herzog. Das hob dann auch Idamils Laune wieder.

Und meine sowieso. Ich konnte meine eigene Kreation trinken und war drei Humpen später immer noch damit zufrieden.

Wir stolperten abends glücklich durch die Gassen in Richtung Zwergenviertel. Es kann sein, dass wir dabei den einen oder anderen unfreiwilligen Schlenker gelaufen sind. Ich will nicht so weit gehen zu sagen, dass wir uns verlaufen haben.

Den Marktplatz haben wir schließlich gefunden. Und den hässlichen schwarzen Schuldturm. Das Ungetüm ist ja wahrlich nicht zu übersehen.

Wir wollten gerade den Weg ins Zwergenviertel einschlagen, da sahen wir im Fackelschein des Praiostempels eine bemerkenswerte Szene, die unser heldenhaftes Eingreifen verlangte, wie mein scharfer Verstand sofort begriff.

Zwei junge Frauen unterhielten sich vor den Stufen des Tempels, die eine trug ein Akoluthengewand, die andere eine edle Cotte und ein vornehmes Pelzmäntelchen.

Die beiden waren nett am Plaudern, da sprang plötzlich ein Untier von einem Kerl in schwarzer Kettenrüstung aus dem Schatten und warf sich die Hübschere von beiden einfach über die Schulter. Dann rannte er mit seiner Beute in eine Seitengasse wie ein Taschendieb mit der vollen Börse eines Pferdehändlers.

Das arme Mädchen schrie Zeter und Mordio, und die zurückgebliebene Akoluthin auch. Die schnauzte uns an, wir sollten den Schuft aufhalten. Na, das machten wir. Aber der war so verdammt schnell. Es kann jedenfalls nicht sein, dass wir langsamer waren als sonst. Ich jedenfalls nicht. Ich war zu diesem Zeitpunkt noch stocknüchtern. Aber ich hatte die kürzesten Beine.

Alle anderen, die gerade über den Marktplatz schlenderten, waren noch weniger in der Lage als wir, zu reagieren oder die Situation überhaupt zu begreifen. Keiner war hier, der nicht vom Festbier probiert hatte.

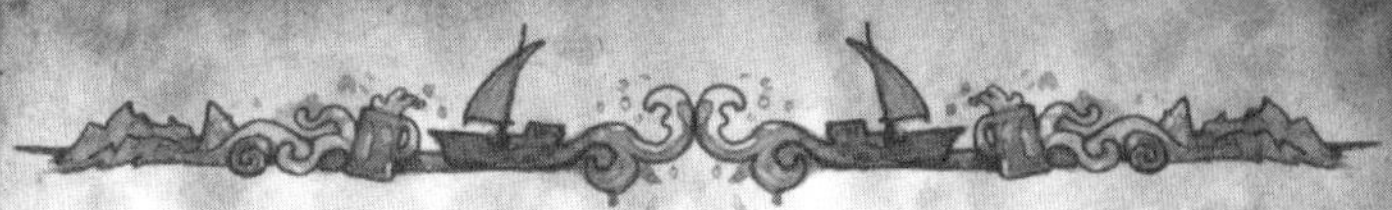

Idamil nutzte immerhin seine langen Beine, wenn auch ein bisschen verspätet. Aber der Nachtschatten und Mädchenräuber kam mit seiner strampelnden Last auch nicht gerade schnell voran. Wir folgten ihm in die Gasse.

Idamil rammte den Entführer, ich trat ihm kräftig gegen das linke Bein. Kurz entwickelte sich ein Handgemenge, und ich fürchtete schon um das Wohlergehen des armen Mädchens. Als dann aber die Akoluthin mit gezogenem Kurzschwert herbeieilte und den Schurken im Namen Praios' zur Ordnung rief, da sie ihn andernfalls mit der Macht von Kirche und Vaterland jagen und verfolgen ließe, da besann er sich und ließ tatsächlich von seinem Tun ab. Er ließ die arme Entführte von seinen Schultern gleiten, nur um sie gleich darauf dem verdutzten Idamil in die Arme zu werfen. Dann fuhr er herum und stob davon wie der Nachtwind. Die Akoluthin lief ihm noch ein Weilchen hinterher, aber schließlich kam sie mit verkniffenem Gesichtsausdruck und mächtig außer Atem zu uns zurück, wo wir uns um ihre Freundin kümmerten.

Die war zum Glück ganz unverletzt, wie sie uns und die Dienerin des Herrn Praios schnell beruhigte. Dann erzählte sie uns ihre Geschichte.

Ihr Name war Odrud von Weidenhag und sie versteckte sich hier in Gratenfels vor eben jenem Mann, der sie soeben angegriffen hatte. Dieser Mann war wie sie von Stand, aber verarmt. Ein Junker ohne Lehen. Seit er aus dem Krieg zurück war, hatte er es sich wohl in den Kopf gesetzt, die arme Frau

ehelichen zu wollen. Und obwohl sie seine Anträge immer wieder abgelehnt hatte, wollte er nicht von ihr lassen. Schließlich hatte er sich sogar zu einer Entführung verstiegen.

Ich konnte das Problem ja so gut verstehen. Jede Zwergin kann das. Die Männer sind wie Fliegen und wir sind die Kuhfladen. Wir können stinkig sein wie wir wollen, es interessiert sie nicht.

Ich werde nur nicht mehr so oft zum Objekt der Begierde, weil die meisten inzwischen kapiert haben, dass mit mir eine Familiengründung ohnehin nicht zu machen wäre. Es sei denn, er ist der beste Braumeister des Koschs und bereit, mit mir auf Reisen zu gehen. Soweit wollte bisher noch keiner gehen.

Ich hatte nie vermutet, dass auch Menschenmänner so penetrant sein könnten. Jedenfalls tat mir die Gute Leid. Ich verabreichte ihr erst einmal einen Schnaps auf den Schreck, dann besann ich mich auf meine Manieren und stellte uns vor.

Fräulein von Weidenhag dankte uns für die Rettung. Dabei reckte sie ihrem Retter Idamil huldvoll die Hand hin. Der Sappeur nahm sie verdattert und führte sie mit verwirrtem Gesichtsausdruck an die Lippen. Ich musste mich zusammenreißen, um nicht loszugackern wie ein aufgeregtes Huhn. Der Eisbock machte mich zu diesem Zeitpunkt ein wenig lustig, denke ich.

Aber meine Gedanken hatte ich noch beisammen. Und meine Nase. Als die Akoluthin, die sich als Ihre Ehren Inquisitorin Aurane Lechmin von Weiseprein vorstellte, darauf

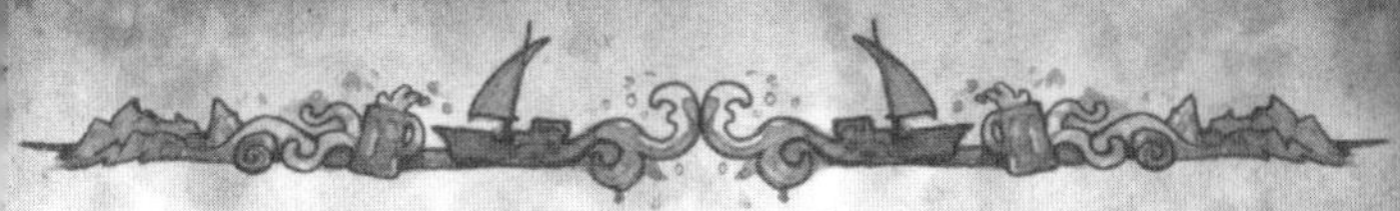

drängte, den Mädchenräuber zu verfolgen, konnte ich sogar einen entscheidenden Hinweis beisteuern.
Ich wusste genau, wo der Kerl sich versteckte. Meine Aussage sorgte für verdutzte Gesichter. Ich tippte mir vielsagend an die Nase. Er war von einer sehr charakteristischen Duftwolke umgeben gewesen, die nur jemand an sich hatte, der im *Blauen Ochsen* einen Schwefelquell getrunken hatte. Dieser Magenbitter hat einen eigenwilligen Gagel- und Wacholdergeschmack, der seinem Namen alle Ehre macht. Und es gibt ihn in dieser Stadt nur im *Blauen Ochsen*.
In diesem Augenblick näherten sich zwei Büttel, die inzwischen von dem Kampfeslärm Wind bekommen hatte. Sofort war Ihre Ehren dabei, die beiden für die Suche nach dem Junker zu rekrutieren.
Da fiel ihr das Fräulein von Weidenhag auf anmutigste Weise ins Wort und in den Arm und beteuerte, dass es nicht nötig war, die Stadtwache zu involvieren, wo sie doch gerade zwei so tapferere Recken an ihrer Seite wüsste. Damit meinte sie wohl Idamil und mich.
Sie sagte das alles so treuherzig, dass auch die Dienerin des Herrn Praios in Zweifel geriet und die beiden Gardisten wieder fortschickte.
Vielleicht hätte mir die Reaktion des Fräuleins von Weidenhag zu denken geben sollen, aber ich war zu sehr damit beschäftigt, den Honig zu lutschen, den sie mir gerade ums Maul geschmiert hatte. Idamil ging es noch schlimmer. Der

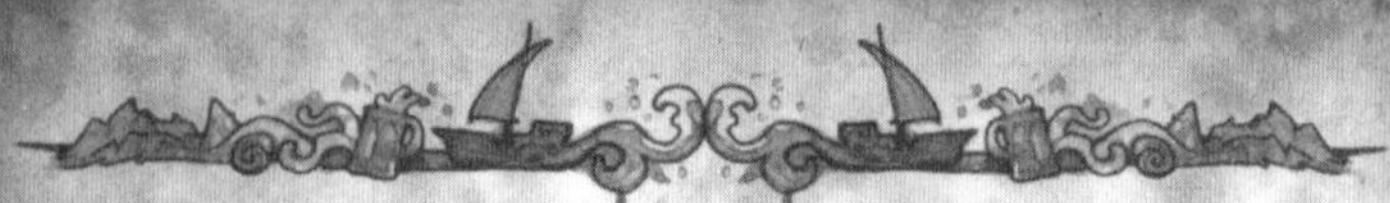

war von dem edlen Fräulein ganz angetan und hätte wahrscheinlich ohnehin alles gemacht, um was die Dame ihn gebeten hätte. Männer. Die sind ja so einfach im Gemüt.

Jedenfalls erklärte er sich sofort bereit bei der Suche nach dem schurkischen Junker zu helfen. Was soll ich sagen, ich bin nun mal eine treue Seele und wollte meinen Freund nicht allein losziehen lassen, also erklärte ich mich selbstverständlich auch bereit mitzukommen.

Die Inquisitorin wies dann jedoch zu Idamils Leidwesen ihre Freundin an, zurück zum Tempel zu gehen und dort in der Sicherheit von Praios' Hallen auf uns zu warten. Das Fräulein sah nicht glücklich aus, aber sie schickte sich drein. So glaubten wir zumindest.

Dann machten wir uns auf dem Weg zum *Blauen Ochsen*. Ich kenne jedes Bier, jede Brauerei und auch fast jede Kneipe im Kosch und auch nicht wenige in den Nordmarken. Man muss sich schließlich als Koscher über die Konkurrenz informiert halten. Also führte ich die anderen auf direktem Wege dorthin. An einem Festabend wie diesem herrschte in der Schankstube noch Hochbetrieb.

Wir also rein in den Laden, von dem Junker entdeckten wir im Gedränge um den Tresen keine Spur.

Da trat Ihre Ehren mit strengem Blick zur Theke, schon war das Gedränge auf einmal viel weniger schlimm. Der Wirt schien von ihrer überaus frommen Präsenz eingeschüchtert, auch wenn sie ein wenig nervös ihre Sehgläser dreimal zu-

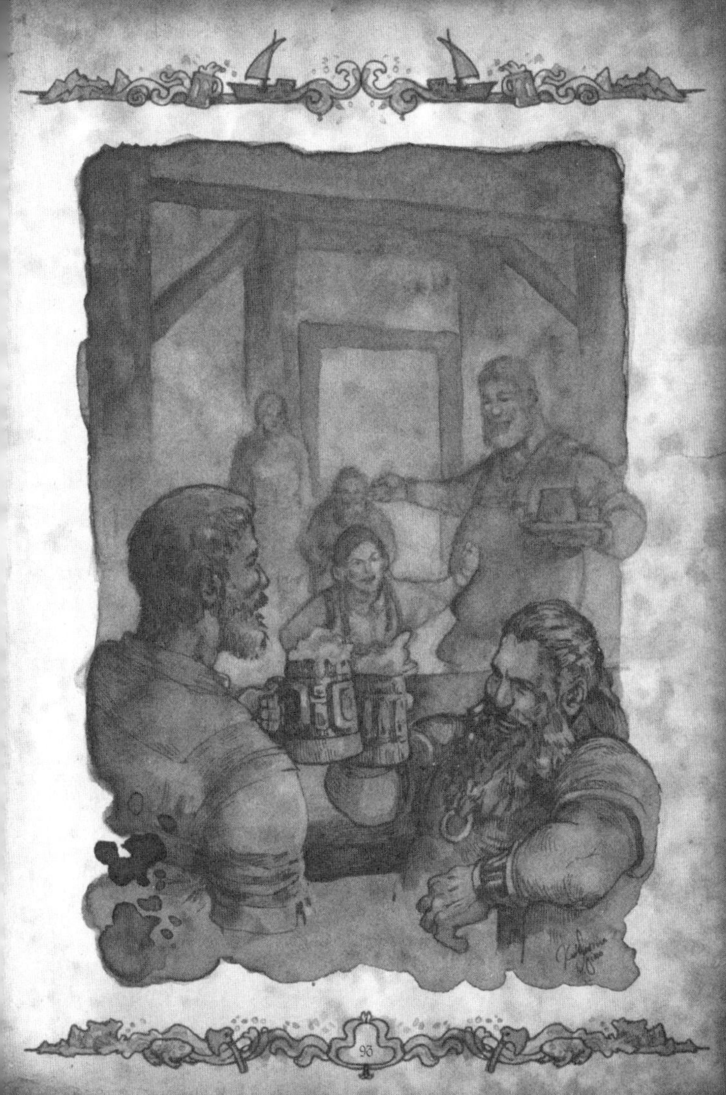

rechtrückte, bevor sie das Wort an ihn richtete. Das glich Idamil wieder aus, der sich hinter ihr mit grimmiger Miene und verschränkten Armen in Positur warf.
Ein wenig später wussten wir, dass der Wirt sich an einen Mann wie den Junker erinnerte. Der hatte einmal hier gegessen, aber mit Sicherheit kein Schwefelquell getrunken.
Die Sache kam mir äußerst seltsam vor. Ich glaubte dem Wirt, aber gleichzeitig wusste ich auch, was ich gerochen hatte. Den Schwefelquell und – Da fiel es mir plötzlich ein! – noch eine andere Komponente, welche die allgemeine Gratenfelser Schwefelnote beinahe übertüncht hatte. Eiche, Torf und Rauch. Das war ein Geruch, der nicht allein vom Trinken kam. Er entstand beim Destillieren.
Da ahnte ich, wo sich der Strolch versteckt hielt. Ich gab meinen Begleitern einen unauffälligen Wink. Sie folgten mir zur Tür hinaus und dann zu Wilbur. Der konnte uns sagen, wo Schwefelquell hergestellt wurde: in der kleinen Brennerei Murendiek nahe der Lehrstube des Roten Salamanders.
Wir beeilten uns, dorthin zu kommen. Inzwischen war die Nacht schon weit vorangeschritten. Die ersten Bürger standen schon wieder auf, um die Köpfe über solche Auswärtige wie uns zu schütteln, die vom Feiern anscheinend nicht genug bekommen konnten.
Letzte Nacht noch habe ich mich über die lärmenden jungen Leute aufgeregt und nun war ich diejenige, die, anstatt borongefällige Ruhe zu halten, zu unbotmäßiger Stunde noch durch die Gegend trappelte.

Als wir die Brauerei erreichten, überzog ein schwacher Opalschimmer bereits das nächtliche Firmament.
Energisch klopfte Ihre Ehren die Familie aus dem Haus und verlangte den Schlüssel zum Keller mit den Destillen. Die guten Leute waren so überrumpelt von der Tatsache, dass eine Dienerin des Praios, die sich auch noch als Mitglied der Inquisition und Gesandte des Herzogs auswies, um solche Stunde vor ihrer Tür aufkreuzte, dass sie den Schlüssel sofort herausrückten. Sogar ohne uns zu fragen, was wir da unten eigentlich wollten.
Die Inquisitorin befahl ihnen, sich im Haus zu verbarrikadieren, da sich wahrscheinlich ein gefährlicher Straftäter auf ihrem Grund versteckte. Die nickten nur und schienen froh, dass jemand die Sache so resolut in die Hand nahm.
Der Brauereikeller war größer als erwartet. Ein hohes Gewölbe, vielleicht hatte es einmal einer der Garnisonen als Lagerraum gedient. Es passte jedenfalls zu den Gerüchten, dass Gratenfels auf einem uralten Labyrinth aus Tunneln und Schächten erbaut war, die voller eigenartiger Geheimnisse steckten.
Ihre Ehren nahm eine Fackel aus dem Halter neben der Kellertür und zündete sie an. Der Lichtschein offenbarte allerdings gänzlich unmystische Dinge., nämlich jede Menge Schnapsfässer in diversen Größen an den Wänden aufgereiht. Dazwischen Regale voller Flaschen und Tonkrüge. Manche der Fässer waren gerade mal unterarmlang, in anderen hätte ich mich problemlos verstecken können. Aber der großgewachsene Junker sicher nicht.

An der gegenüberliegenden Wand führte eine Tür zu den Destillen. Zumindest besagte das der Schriftzug, den man in eine Eisenplatte über der Tür eingraviert hatte.
Da wir zwischen den Fässern niemand ausmachen konnten, rückten wir bis zur Tür vor. Idamil mit seiner Axt in der einen einem Langdolch in der anderen Hand, die Inquisitorin mit ihrem Kurzschwert. Und ich mit einem Fläschchen vom Besten, was das Haus zu bieten hatte: einem fünf Jahre alten Edelbrand. Für die Nerven. Nach dem Kampf.
Meine Begleiter einigten sich ohne große Worte auf eine Taktik. Die Inquisitorin stieß die Tür auf und Idamil sprang mit gezogenen Waffen in den Raum.
Das war gut so, denn schon stürzte sich jemand auf ihn. Ich konnte nicht alles sehen, da Ihre Ehren noch immer in der Tür stand, aber ich hörte Männer rangeln und Schnaufen und schließlich flehte eine Frauenstimme, endlich mit dem Unsinn aufzuhören.
Die Stimme gehörte eindeutig zu dem edlen Fräulein, das wir gerade erst gerettet hatten. Darauf nahm ich erstmal ein Schlückchen. Ich muss sagen, dieser Wacholderbranntwein ist, trotz oder vielleicht gerade wegen seines verwegenen Geschmacks, eine pikante Gaumenfreude für jeden, der des ewigen Apfel- und Pflaumenaromas überdrüssig ist.
Nach einigen Augenblicken gab die Inquisitorin endlich die Tür frei und ich konnte mir im Schein der Fackel und im

schwachen Schimmern der Glut im Destillationsofen ein Bild der Lage machen.

Auf dem Boden hockte der Junker mit sauertöpfischer Miene, an seiner Seite kniete Odrud. Schluchzend hielt sie seine Hand.

Idamil zuckte ratlos die Achsel und die Inquisitorin machte ein Gesicht wie ein Almadaner, dem man einen gut gereiften Graukäse unter die Nase hielt.

Ich schlug vor, erst einmal die Nerven zu beruhigen. Als keiner reagierte, ließ ich die Flasche herumgehen und erklärte ihnen, dass nichts so gut geeignet war, um komplizierte Sachlagen zu bereinigen, wie ein Schlückchen in allen Ehren.

Idamil griff sofort zu. Und dann, zu meiner Überraschung sogar die ganzen vornehmen Herrschaften. Bevor es zu einer zweiten Verkostungsrunde kommen konnte, konfiszierte Ihre Ehren die Flasche. Schließlich begehrte sie zu erfahren, was da gespielt wurde, wie Odrud hierherkam und warum sie plötzlich so viel Mitgefühl für ihren Entführer aufbrachte.

Da brach das Fräulein von Weidenhag in Tränen aus und gestand. Dass sie und der anwesende Junker von Schwarzborn seit Jahren eine ehrliche Zuneigung zueinander empfanden, dass seine Mittellosigkeit jedoch bisher die Zustimmung ihrer Familie verhindert hatte. Erschwerend kam hinzu, dass auch Ihre Hoheit ihr Einverständnis zur Heirat einer ihrer Hofdamen zu geben hatte. Und die war, so schluchzte das ar-

me junge Ding, keinesfalls bereit, sie in den Stand der Ehe zu entlassen. Dazu schätzte sie Odruds Gesellschaft viel zu sehr. Der Krieg und die vielen Gefallenen von Eslamsbrück und Mendena hatten jedoch den Wunsch der beiden heimlich Liebenden, endlich vor Rahja und Travia vereinigt zu sein, übermächtig werden lassen. Und so war ein Plan gereift.

Mir entfuhr angesichts solcher tragischer Leidenschaft ein Seufzen. Ihre Ehren hingegen lauschte fassungslos. Ab und an genehmigte sie sich einen Schluck. Zur Beruhigung. Für die Nerven. Konnte ich verstehen.

Plötzlich erwiderte sie meinen Blick, so als ahne sie meine Gedanken.

Ich nahm meinen Reisehumpen aus der Tasche und genehmigte mir ein paar Schlucke direkt aus der tropfenden Destille. Nicht ganz so fein aromatisiert wie der gereifte Schnaps, dafür schärfer und frischer im Geschmack.

Ihre Ehren sah mich streng an. »Das bezahlen wir später!«, betonte sie. Dann fiel ihr Blick auf die Flasche in ihrer eigenen Hand. »Das auch«, murmelte sie.

Der Plan, so fuhr Ihre Hochgeboren fort, war eine vorgetäuschte Entführung gewesen. Ein Besuch in irgendeinem Traviatempel auf dem Lande hätte die Verbindung besiegeln können. Odrud hätte sich vor ihrer Herrin auf die Entführung berufen können. Und da der Junker von Stand war und im Krieg nachweislich an vorderster Front gekämpft hatte, gingen die beiden fest davon aus, dass die Familie und Ihre

Hoheit ein Auge zudrücken würden, wenn die Ehe erst einmal geschlossen war.
Ihre Ehren leerte die Flasche in einem Zug. Hustend winkte sie mir, ihr noch einen Schluck zu bringen. Meinen Hinweis, dass der Schwefelquell frisch aber etwas anders schmeckte, ignorierte sie. Stattdessen fragte sie das Fräulein von Weidenhag, warum um alles in der Welt, sie das Ganze in Gratenfels inszeniert hatte, noch dazu in ihrer höchsteigenen Anwesenheit, und wo um aller Welt ihre Herrin steckte.
Ihre Hochgeboren seufzte wehmütig. Als ihre Herrin sie aufgefordert habe, mit auf eine Reise zu kommen, habe sie ihre Gelegenheit gewittert und ihrem Junker sofort geschrieben. Dass diese sie dann auch noch in Gratenfels zurückgelassen habe, und ihr aufgetragen habe, dort zu warten, war ihrer Sache umso mehr entgegengekommen. Und die Anwesenheit und spätere Aussage einer Akoluthin des Höchsten hätte alles noch viel glaubwürdiger gemacht. Zumindest hatten sie sich das so gedacht.
Aber nun, die hohe Dame warf sich schluchzend ihrem Geliebten in die Arme, war alles verloren, denn sie wusste, dass Ihre Ehren ja niemals lügen oder etwas verschweigen würde.
Die Inquisitorin nickte. Dann ließ sie sich in einen Schneidersitz sinken. Dabei schwankte sie so sehr, dass Idamil sie stützen musste. Ihre Wangen waren stark gerötet, ihr Blick ein wenig starr.
Es war offensichtlich ihre erste Schnapsverkostung. Sie hatte in zu kurzer Zeit zu viel geladen. Ich muss ihr irgendwann erklären, wie Verkosten richtig funktioniert.

»Du hast Recht«, brachte sie mit schwerer Zunge hervor. »Ich werde niemals lügen. Selbst wenn man rein …« – an dieser Stelle zögerte sie und kämpfte mit dem Wort »hypothetisch« – » … annimmt, dass ich eure Beweggründe verstehen könnte. Aber ich müsste euren tückischen Plan …« – sie stockte ein weiteres Mal – » … dennoch melden.«
Sie zögerte. Vielleicht um der Dramastik willen, aber höchstwahrscheinlich eher, weil der Wacholdergeist ihre Gedanken verwirrte. »Aber im Augenblick bin ich leider nicht in der Lage euch aufzuhalten, falls ihr den hinterhältigen Versuch macht, zu fliehen.«
Sie machte eine sehr bedeutungsvolle Pause. »Und diese guten Leute hier, ich weiß nicht, ob sie dazu in der Lage wären.« Sie blickte uns aus glasigen Augen so scharf an, wie es ihr in ihrem Zustand möglich war.
Bei Idamil rollte der Groschen sehr langsam. Bei mir aber nicht. Flugs drückte ich ihm den Becher Wacholderschnaps in die Hand. »Runter damit«, befahl ich. Dann sah ich Ihrer Ehren in die trüben Augen. »Auf keinen Fall. Wir sind zu betrunken. Haben auf dem Fest hart gefeiert.«
Ihre Ehren nickte träge. »Bedauerlich«, murmelte sie dann. »Und es besteht eine gute Wahrscheinlichkeit«, fuhr sie nach einer Weile fort, »dass wir uns morgen alle an dieses Gespräch und die Ereignisse dieses Abends nicht mehr genau erinnern können. Dann kann ich auch nichts dazu sagen. Und dann wird mich vermutlich auch niemand danach fragen.«

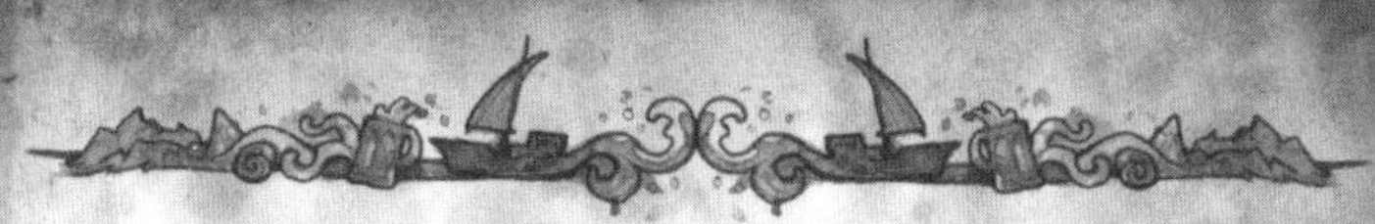

Endlich begriffen auch die zwei verliebten Schafsköpfe. Ihre Hochgeboren strahlte wie die Praiosscheibe an Fürstlich Gnaden. Das sei die Aurane, die auf der Rechtsschule einmal ihr ganzes Seminar bei Kaiser Valpos Entzücken unter den Tisch getrunken habe, begann Odrud.
Ihre Ehren winkte ab. Anscheinend wollte sie nicht, dass wir solche Geschichten zu hören bekamen. »Eins noch«, lallte sie. Dann verlangte sie von Ihrer Hochgeboren, ihr aufzuschreiben, was sie über die Reise der – an dieser Stelle machte sie eine bedeutungsschwere Pause – Junkerin von Zehnthof wusste. Das musste wohl die mysteriöse Herrin des Edelfräuleins sein? Ihre Ehren bekräftigte noch einmal, dass der Bericht absolut wahrheitsgemäß sein müsse. Das sei sie, Odrud, ihrer alten Freundin schließlich schuldig. Und ich zitiere: »Wenn ich mich deinetwegen mit diesem scheußlichen Absud vergifte.« Das Fräulein von Weidenhag nickte eifrig. Dann suchte es etwas zum Schreiben. Ich gab ihr mein Rezeptbuch, Tinte und eine Schreibfeder. Den Göttern sei Dank, habe ich alles immer dabei, damit ich jede spontane Eingebung festhalten kann.
Während Ihre Hochgeboren eifrig etwas auf eine herausgerissene Seite kritzelte und ich mich über den Verlust dieser Seite mit Idamil und einer weiteren Verkostungsrunde hinwegtröstete, schwor uns Ihre Ehren darauf ein, dass wir über alles, was wir hier erfahren hatten, Stillschweigen zu bewahren hatten. Auch ihr selbst gegenüber. Zum Wohle der unschuldigen Liebe und zum Wohle des Reiches.

Wir sind immer für Liebe und das Wohl des Reiches zu gewinnen!
Inzwischen steckte das hübsche Fräulein Ihrer Ehren die Notiz zu, sie und ihr Geliebter bedankten sich, dann verließen sie den Keller über eine kleine Stiege, die zu einem breiten Kellerfenster führte, das mit Fensterläden aus Eichenholz verschlossen war. Messerscharf kombinierte ich, dass über diese Öffnung die Fässer ausgeliefert wurden. Aber in diesem Fall reichte es auch für einen Junker und seine Zukünftige.
Ich wünschte den beiden noch Travias Segen und sicherheitshalber auch den von Vater Angrosch. Das kann nie schaden.
In der Zwischenzeit fing Ihre Ehren an zu schnarchen.
Da wir nicht wussten, wo sie nächtigte, schafften wir sie zu Wilbur. Da schläft sie jetzt auf Idamils Pritsche ihren Rausch aus. Der kampiert dafür in der Wohnstube vor dem Ofen. Da hat er es wenigstens schön warm, während in meiner Schlafkammer die Nachtkälte noch durch alle Ritzen zieht.
Aber nicht mehr lange. Draußen ist das morgendliche Wettkrähen der Hähne schon in vollem Gange, und ich habe für heute genug geschrieben. Aber das musste ich unbedingt festhalten, bevor ich es später wirklich noch vergesse. Ihre Ehren hat ja nur gesagt, wir sollen schweigen. Von Aufschreiben hat sie nichts gesagt. Und die Geschichte ist einfach zu gut, um sie zu vergessen. Gute Nacht für heute. Oder Guten Morgen? Ach, egal.

Aus den Aufzeichnungen der Inquisitorin Aurane von Weiseprein Gratenfels, 5. Peraine 1040 BF

Meine Nachforschungen in Gratenfels haben einen unerwarteten Verlauf genommen. Ich bin nicht über jedes Detail des Verlaufs im Bilde, da mir ein Teil meiner Erinnerungen aus der Nacht zum vierten Peraine fehlt. Ich weiß noch, dass ich Odrud gefunden hatte. Das muss nach meiner Rückkehr vom Abendmahl bei Helmwart von Hardenfels gewesen sein, bei dem ich mir ein Leihpferd erbeten habe. Jedenfalls entdeckte ich am nächsten Tag eine Nachricht geschrieben auf knittriges, dünnes Papier, das aus einem billigen Notizbüchlein zu stammen scheint.

Sie enthielt allerdings nur jene Geschichte, die ich vor Gratenfels auch schon erarbeitet hatte. Immerhin kann ich dem Dokument entnehmen, dass es sich bei der Helmzier um ein Familienerbstück derer vom Berg handelt und dass die Herzogenmutter seit Jahren trachtet, es wieder in den Besitz der Familie zu überführen. Odrud vermutet auch, dass dem gesuchten Stück wundertätige Kräfte innewohnen könnten, da es laut einer Familienlegende des Hauses vom Berg von niemand geringerem als der Grünen Ritterin persönlich stammen soll.

Warum Ihre Hoheit sie allerdings in Gratenfels zurückgelassen hat, wusste sie laut diesem Aufschrieb selbst nicht. An-

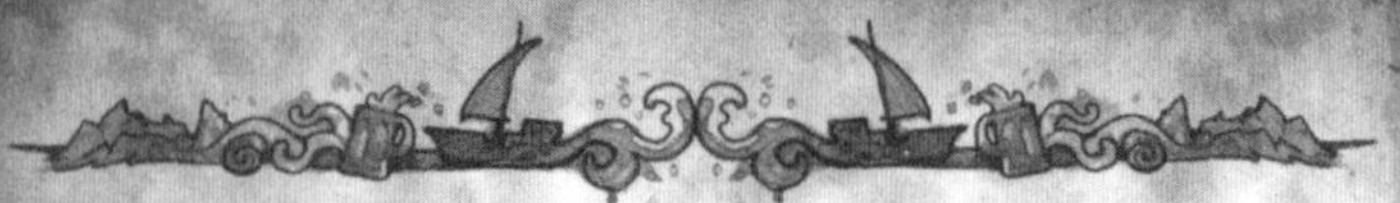

scheinend möchte Ihre Hoheit keine Zeugen beim Gespräch mit der aktuellen Besitzerin.

Wie ich an dieses Schreiben gekommen bin, kann ich allerdings nicht mehr sagen. Immerhin versichert mir Odrud, dass es ihr gut geht, und wünscht mir Glück auf meinen Reisen. Rätselhaft.

Auch vermag ich nicht zu sagen, warum ich am Tag danach im Haus eines Hügelzwergs aufgewacht bin. Oder wer die zwei gutmütigen Gestalten waren, die mich wie eine vertraute Freundin behandelten. Feligra Steinlettner und Idamil Halmbusch. Beide stammen aus Angbar. Ich erinnere mich nur noch ganz dunkel, dass ich die beiden getroffen habe. Dann muss ich wohl aus irgendeinem Grund eine große Menge Schnaps zu mir genommen haben. Ein großer Keller und Fässer hatten etwas damit zu tun. Darüber hinaus ist meine Erinnerung ein einziges dunkles Loch. Ab und zu tauchen Erinnerungsfetzen auf, doch die möchte ich lieber nicht niederschreiben. Zu ungeordnet und wirr sind sie, wie ein halbvergessener Traum.

Meine mir unbekannten Kameraden versichern mir, dass sie mich in betrunkenem Zustand gefunden und zu sich nach Hause gebracht haben. Oder besser gesagt in Wilburs Zuhause, wo ich dann offenbar meinen Rausch ausgeschlafen habe. Ich muss den beiden wohl dankbar sein. Was hätte mir in derart benebeltem Zustand, in dem ich mich befunden haben muss, alles passieren können. Ich kann von Glück reden, dass ich nur über diese beiden gestolpert bin.

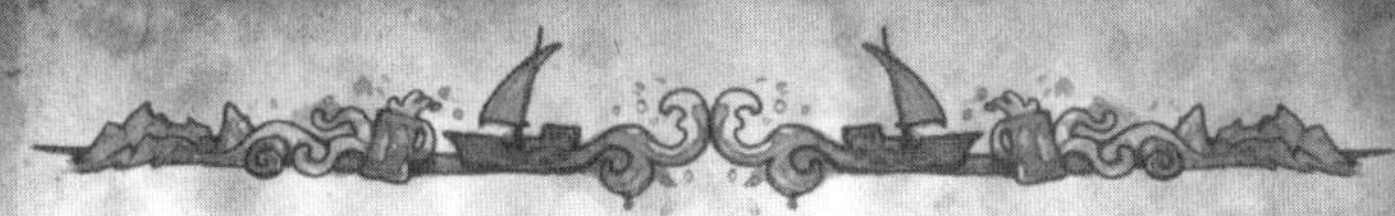

Was hat mich nur verleitet, mich so zu betrinken? Wurde ich gezwungen? Ich konnte jedenfalls keine Verletzungen an mir entdecken. Habe ich mich etwa freiwillig derart hemmungslos dem Rausch hingegeben? Ich hoffe, ich habe mich nicht von Odrud zum Trinken animieren lassen. Wir waren früher keine Kinder von Traurigkeit, aber in meiner jetzigen Stellung geziemt sich so ein Verhalten wahrlich nicht! Ich ging sofort, als ich wieder gehen konnte, zum Tempel, um den Strahlenden um Vergebung für meine Lasterhaftigkeit zu bitten.

Das war allerdings erst am Folgetag. Ich habe mich nach Odrud umgehört, aber niemand scheint ihren Aufenthaltsort zu kennen. Außerdem muss mein Hauptaugenmerk der Alt-Herzogin gelten. Also habe ich mich reisefertig gemacht. Wenn ich alles richtig zusammenrechne, müsste Ihre Hoheit inzwischen mindestens eine Woche Vorsprung haben. Immerhin habe ich in einer Sache Glück: Helmwart hat mir tatsächlich ein Pferd überstellen lassen. Es wird mich tragen, während ich Luri an der Leine mitführe.

Die beiden Koscher Frohnaturen habe ich für meine Sache rekrutiert. Ihr Ochsenkarren erhöht zwar meine Reisegeschwindigkeit nicht gerade, aber ich denke, die beiden sprechen die Sprache der einfachen Leute viel besser als ich. Und da mich meine Nachforschungen nun wohl oder übel über die Höfe und Dörfer von Nordgratenfels führen werden, erscheint es mir angemessen, ein paar einfache Leute dabei zu haben, die das Eis brechen können.

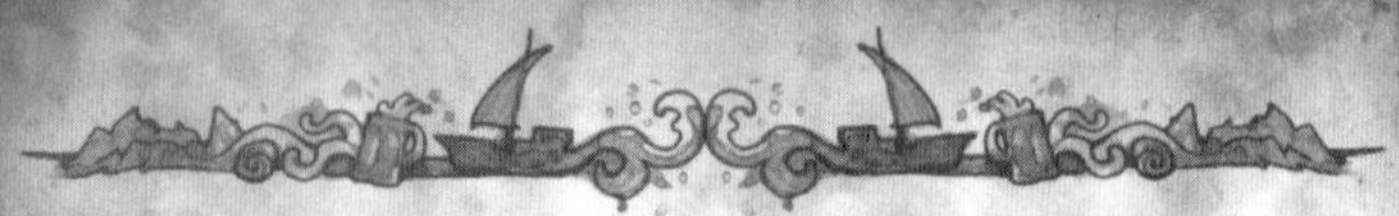

Außerdem bin ich noch nicht ganz sicher, ob sie wirklich so wenig über diese durchzechte Nacht wissen, wie sie behaupten. Sie benehmen sich ein wenig so, als würden sie mich kennen, und ich frage mich, ob ich vielleicht irgendetwas über den Auftrag des Herzogs ausgeplaudert haben könnte. So lange ich das nicht mit Sicherheit ausschließen kann, muss ich die beiden im Auge behalten.

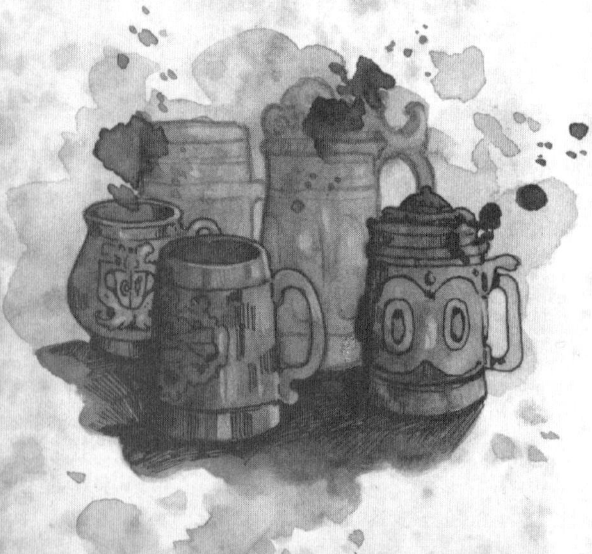

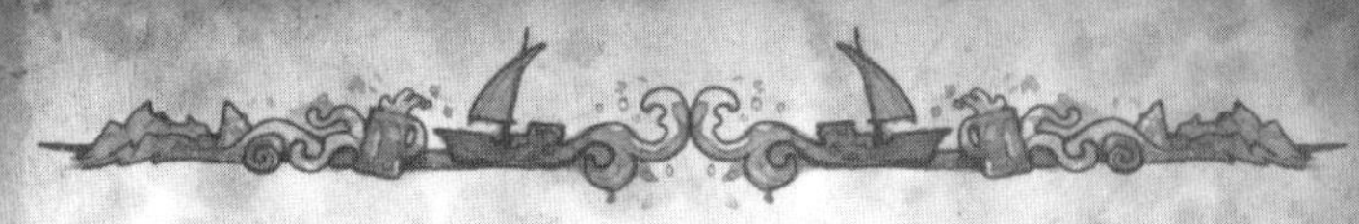

VI

Die hat's nicht so mit den Göttern

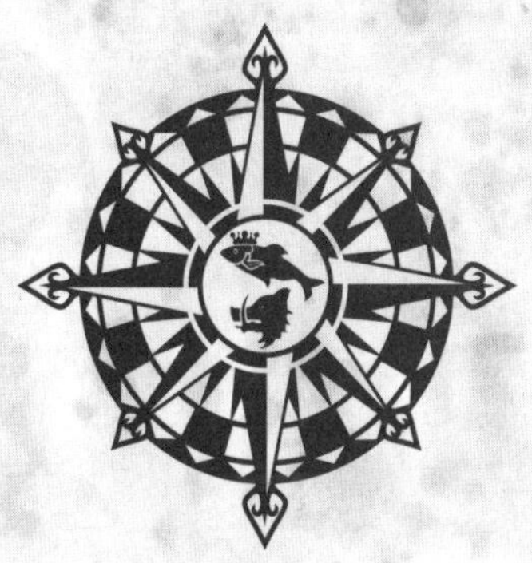

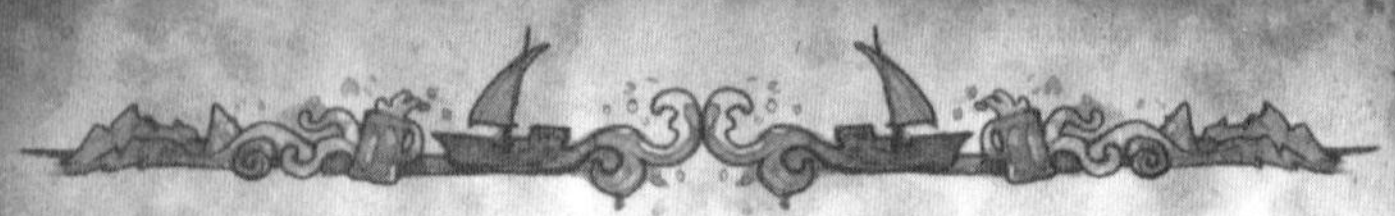

Aus den Aufzeichnungen der Inquisitorin Aurane von Weiseprein
Nordgratenfels, 7. Peraine 1040 BF

Weitere zwei Tage sind ergebnislos verstrichen. Der Vorsprung Ihrer Hoheit wird immer größer und ich beginne langsam daran zu zweifeln, dass ich jemals Erfolg haben werde. Dennoch darf ich nicht wanken. Es darf nicht sein, dass ich das Vertrauen des Herzogs Lügen strafe.

Trotz all meiner Bemühungen ist es schwieriger, diese Frau Trudwenger zu finden, als ich dachte. Den ersten Tag sind wir von Gratenfels gen Norden in die Baronie Urbeltor gereist. Abseits der Reichstraße sind die Dörfer sofort kleiner und die Menschen wortkarger und misstrauischer gegenüber allem Fremden. Überhaupt spürt man bereits nach einem Tag im Vorderkosch kaum noch etwas vom viel besungenen Liebreiz des Gratenfelser Beckens.

Statt über ausgetretene Feldwege quälen wir uns auf schmalen, halb zugewucherten Waldpfaden durchs Gestrüpp, um im nächsten bedeutungslosen Weiler nach dieser Madalind zu fragen, jedes Mal ohne Erfolg. In einem winzigen Weiler namens Eichfurt versichert man uns, sie müsse auf der anderen Seite des großen Hügels im noch kleineren Drosselhus wohnen. Dort schickt man uns weiter hinauf nach Rüttelbach. Die Rüttelbacher wiederum sind überzeugt, sie müsse Eichfurterin sein.

Mehr als einmal habe ich bedauert, dass ich diesem Ottel nicht mit ein paar Nächten Karzer gedroht habe, damit er mir die genaue Lage ihres Hofs verrät. Immerhin scheint es der Alt-Herzogin ähnlich ergangen zu sein wie mir. In fast allen Orten erhielt ich Hinweise auf eine vornehme ältere Edle, die vor ein paar Tagen vorbeigekommen ist und ebenfalls nach der Trudwenger gefragt hat.
Im Osten, am Rande der Koschberge, soll es noch einen Weiler namens Tsawiesen geben. Den Beschreibungen nach vier Häuser und ein gutes Dutzend Seelen.
Wenn sie dort auch nicht ist, bin ich mit meinem Bosparano am Ende. Herr, erleuchte meinen Weg mit Deiner Weisheit! Ich bin ratlos.

Ein Gespräch, belauscht zwischen zwei Herumtreibern in einem Stall auf einem Gehöft in Nordgartenfels

»Das ist also euer Gasthaus? Die Frauen bekommen ein Zimmerchen am Kamin und unsereiner muss sich in kalten Nächten mit warmen Gedanken über Wasser halten. Ja, lach nur. Ist doch so. Was dagegen, wenn ich mir hier ein Pfeifchen stopfe? Nein? Prima. Du redest wohl nicht sehr viel? Na, wenn ich dich so ansehe, bist du ein Weidmann oder ein Schäfer, aber ich hab' keine Schafe gesehen. Köhler? Von Rüttelbach? Moorberg. Ach so. Ist das weit von hier? Na, eine

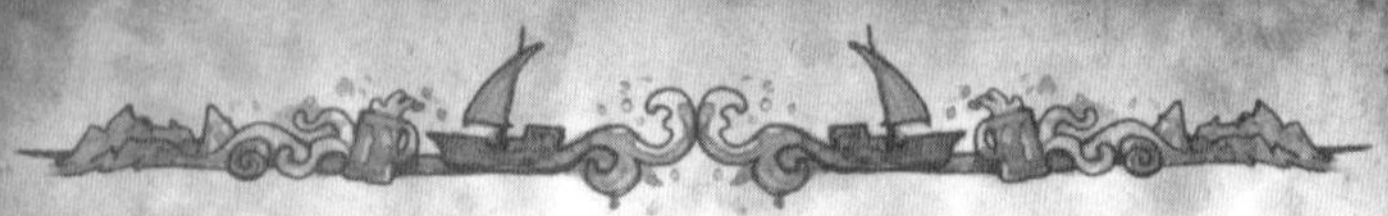

Tagesreise, das geht noch. Nimm einen Schluck Wacholdergeist zum Aufwärmen.
Kommst du auch vom Fest in Gratenfels? Aus Kefberg? Na, das soll auch sehr schön sein. Nein, ich bin aus Angbar. Und da will ich auch wieder hin. Ja natürlich, ist mir schon klar, dass das nicht der Weg nach Angbar ist. Aber meine Herrin, in deren Diensten ich jetzt irgendwie stehe, sucht hier jemanden. Nein, nein, eine Geweihte ist sie nicht. Eher eine Anwärterin. Sie dient auf jeden Fall der Kirche.
Ich glaube nicht, dass sie nach Hexen sucht. Stimmt es eigentlich, dass manche von denen hier in die Wälder kommen, um ihr Unwesen zu treiben? Oder anderes magisches Volk? Druiden? Von denen hab' ich gehört. Kommen häufig aus Andergast, nicht? Im Kosch haben wir mehr Scherereien mit Hexen. Gefährlich, diese Weiber. Aber so richtig Angst habe ich nicht vor denen. Warum? Kann ich eigentlich auch nicht so genau sagen, unheimlich sind sie ja alle. Der Herr Praios möge uns schützen! Aber ich war drüben im Tobrischen letztes Jahr. Da gab's 'ne Menge seltsamer Dinge. Widernatürliche Dinge waren das. Davon werd' ich mein Leben lang Alpträume haben. So schlimm müssen so ein paar Hexenweiber erst einmal werden.
Ja, ich bin ja schon still. Was soll das heißen, dass ich als Begleiter einer Praiosdienerin so etwas nicht sagen darf? Ich kann sagen, was ich will. Und es ist ja so. Die Tobrier hätten gern solche Sorgen, dass denen mal eine Kuh verhext wird. Dort drüben wurden ganze Dörfer von den Leichen

ihrer eigenen Vorfahren überrannt, die sich irgendwann aus dem Gräbern auf dem Anger erhoben haben, weil irgendein verrückter Beschwörer … ach, hör mir auf. Natürlich sind Schwarzhexen gefährlich. Aber so schlimm wie da drüben ist es bei uns noch lange nicht.

Ja, sicher danke ich dafür dem Herrn Praios und der Inquisition. Gepriesen seien der Herr der Götter und die tapfere Leuin. Wie sind wir jetzt eigentlich auf dieses Thema gekommen? Eigentlich wollte ich dich nach den Gefahren fragen, auf die man hier Acht geben muss.

Wie? Hier gibt's Leute, die alten Sitten anhängen? Was meinste damit? Ach, komm mir nicht schon wieder mit deinen Druiden. Obwohl, denkbar wär's, so abgelegen wie ihr hier lebt. Das zieht eine Menge seltsamer Gestalten an.

Ja, guck mich jetzt nicht so an. Ich bin eine ehrliche Angbarer Haut. Und rechtschaffener Gläubiger der guten Zwölfe, wie dir inzwischen klar sein müsste. Nein, ich habe keine komischen Ansichten und ich bin auch kein Druidenfreund. Ich bin Soldat, Mensch. Schau. Diese Medaille habe ich beim Schützenfest gewonnen. Und übrigens, du bist selber ganz schön komisch!

Na gut, hier, noch einen Schluck Wacholdersaft und Schwamm drüber.

Wenn meine Herrin nur endlich diese Madalind finden würde. Dann könnte ich hier schnell wieder fort. Nichts für ungut, ich hab' nichts gegen die Gegend. Aber ich will wieder zurück nach Angbar. Ach, du kennst eine Madalind? Ist nicht

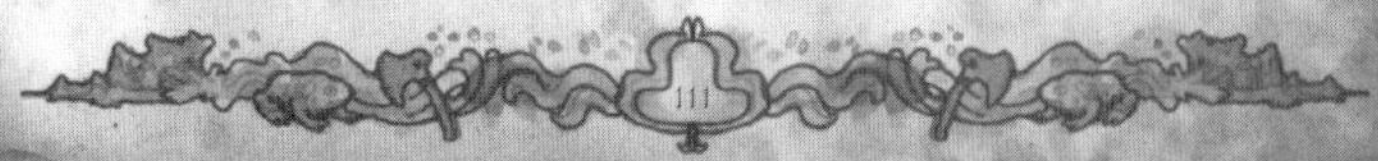

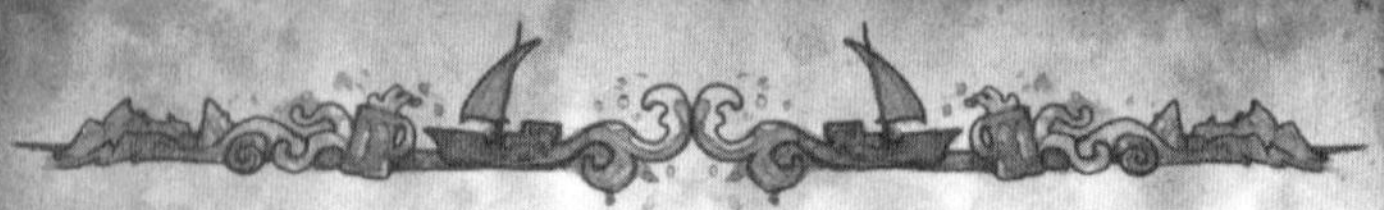

wahr! Die heißt nicht zufällig Trudwenger mit Namen. Tatsächlich? Ist ja großartig. Meine Herrin wird begeistert sein, das zu hören.
Wo wohnt die nochmal genau? Also hinter Tsawiesen den Pfad zu den Schafweiden rauf und dann weiter übern Hügel weg? Das kann ich mir merken.
Wie? Weggezogen? Zu ihrer Mutter? In die Grafschaft Koschgau im Kosch? Das wiederum wird meiner Herrin gar nicht gefallen. Wann? Was soll das heißen *neulich*? Vor einer Woche oder vor einem Jahr? Also letzten Herbst war sie noch da? Schön, dass wir das so genau eingrenzen konnten. Warum ist die eigentlich weggezogen?
Weil ihr Hexenwerk sonst aufgeflogen wäre? Also doch keine Druiden? Du, nicht jede Frau die alleine lebt und einen Besen hat, ist eine … ach egal. Ich versteh dich schon. Die hat's nicht so mit den Göttern, nicht wahr?
Ist mir schon deutlich, dass ihr hier niemand eine Träne nachweint. Und ja, meine Herrin wird natürlich wissen, was mit der zu tun ist. Gepriesen sei Praios! Weißt du was? Ihr seid eine gastfreundliche Gegend. Richtig nett zu alleinstehenden Fremden. Das muss man sagen.
Ich huldige jetzt dem guten Herrn Boron. Gute Nacht.«

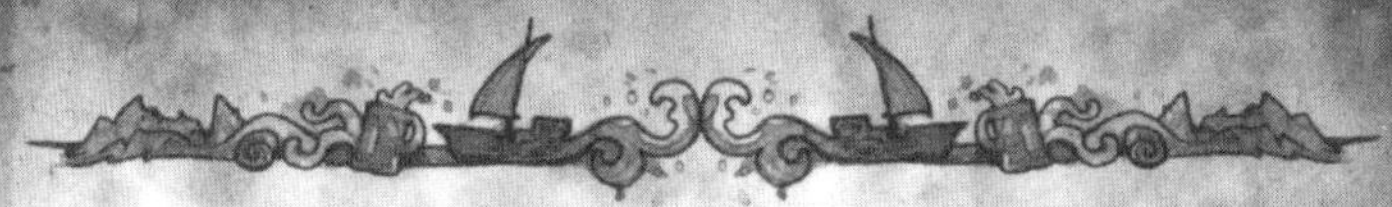

Aus den Aufzeichnungen der Inquisitorin Aurane von Weiseprein
Nordgratenfels, 9. Peraine 1040 BF

Ich konnte mit Hilfe des Sappeurs Idamil Halmbusch endlich Madalinds Wohnort ausfindig machen. Leider fand er im gleichen Zug heraus, dass sie gar nicht mehr dort lebt. Wir sind also völlig umsonst nach Nordgratenfels gereist. Dennoch habe ich den abgelegenen Hof, wo die Frau bis vor kurzem gelebt und als Magd gearbeitet hat, aufgesucht, in der Hoffnung, ich könne Hinweise auf ihren neuen Wohnort erhalten.
Wie sich herausstellte, war die Alt-Herzogin auch diesmal vor mir dort gewesen. Die Bauersfamilie hat zum Glück keine Ahnung, welch' hohen Besuch sie da über Nacht beherbergt hat. Wie alle, mit denen wir gesprochen haben, glauben die Leute, dass es sich bei Ihrer Hoheit nur um eine einfache Angehörige des Niederadels, der Junkerin von Zehnthof, gehandelt hat, was diesen einfachen guten Leuten dennoch viel bedeutet. Das merke ich an der Ehrfurcht, mit der sie mich behandeln. Jeder versucht hier, mir den kleinsten Wunsch von den Augen abzulesen. Schon als ich auf den Hof ritt, warfen sie sich auf die Knie.
Wahrscheinlich werden sie noch in zwei Generationen erzählen, wie einmal in einer Woche zwei Damen von Stand unter ihrem Dach gerastet haben.

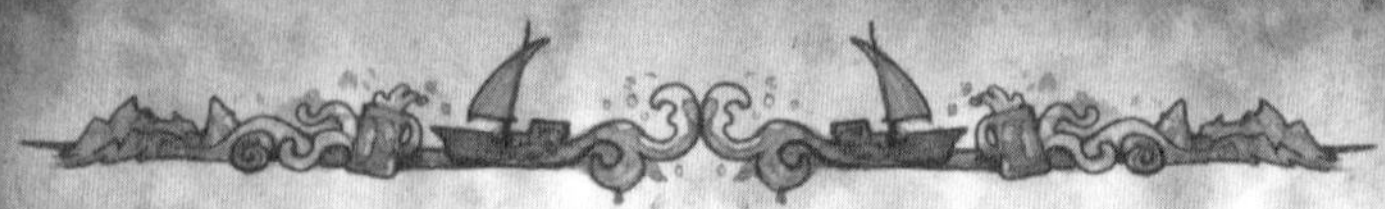

Zum Glück hat keiner dieser fleißigen Bauern und Holzfäller jemals einen Fuß nach Elenvina gesetzt, das Geheimnis Ihrer Hoheit scheint also nach wie vor gewahrt.
Was Madalind Trudwenger betrifft, konnten sie mir immerhin endlich eine genauere Beschreibung liefern als die Allgemeinplätze, die Ottel von sich gegeben hat. Madalind, die mir als hübsch und zurückhaltend beschrieben wurde, hat dreiundzwanzig Sommer gesehen. Sie kam vor einigen Götterläufen als Magd auf den Hof und durfte bleiben, weil sie für ihre jungen Jahre über erstaunliches Kräuterwissen verfügte und sogar des Lesens und Schreibens mächtig war. Warum sie das karge Landleben der Stadt vorzog, hatte sich niemand so recht erklären können.
Ihre Tochter müsste inzwischen ein gutes Jahr alt sein. Der Vater ist unbekannt.
Allerdings hat Madalind der ältesten Tochter des Hauses, die in ihrem Alter ist und mit der sie gut Freund war, wohl von einem Ritter vorgeschwärmt, der jedoch vergangenes Jahr mit dem Heer gen Mendena gezogen ist. Die Eltern halten das allerdings für die Phantastereien einer unglücklichen Seele. Sie glauben, dass sich Madalind mit irgendeinem durchreisenden Handwerksburschen eingelassen hat, der sie nach wenigen Monden hat sitzen lassen. Als das Kind zur Welt kam, hat die Familie ihrer Magd einen alten Schuppen zur Wohnstube ausgebaut, nicht zuletzt, damit das Geschrei des Neugeborenen nicht den Schlaf der Hausherrin störte.

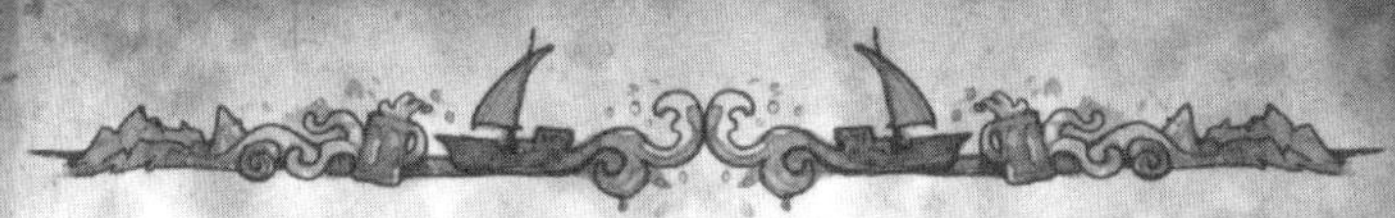

Je länger der Krieg andauerte, so berichtete mir Madalinds Freundin, umso stiller wurde sie. Am Anfang erhielt sie noch Briefe, die sie heimlich las und nie jemandem zeigte, doch dann blieben die Briefe irgendwann aus. Seit dieser Zeit schien, so sagt es das Mädchen jedenfalls, jede Freude aus ihrem Leben entschwunden. Auch arbeitete sie nicht mehr so gut wie früher. Sie muss häufig unkonzentriert gewesen sein, was die Familie aber auf die Anstrengungen von Schwangerschaft und Stillzeit schob.

Vor gut zwei Monaten ist Madalind jedoch über Nacht verschwunden. Sie hat einen Brief hinterlassen, in dem sie von ihrem Unglück und ihrer großen Trauer deswegen schrieb und dass sie zurück zu ihrer Mutter wolle, um dort gänzlich neu anzufangen. Den Brief selbst konnten sie mir nicht mehr zeigen, den haben Sie der Junkerin von Zehnthof ausgehändigt.

Die Bauersfrau ereiferte sich dafür mehrere Minuten lang, welche Unvernunft es doch war, mit einem so kleinen Kind im Tsa zu reisen, mit den paar Habseligkeiten einer Magd.

Als ich nachfragte, ob sie einen aus Knochen geschnitzten Kirschbaumzweig besessen hatte, wurde die Familie stutzig. Wenig überraschend berichteten sie, dass die Junkerin ebenfalls nach dem Schmuckstück gefragt hatte. Es wollte der Bäuerin nicht in den Kopf, warum eine solch barbarische Zierde derartige Aufmerksamkeit erregte. Ein Kunstwerk aus Knochen, lamentierte sie, ziehe nur böse Geister an. Insofern sei sie froh gewesen, dass Madalind es mitgenommen hat.

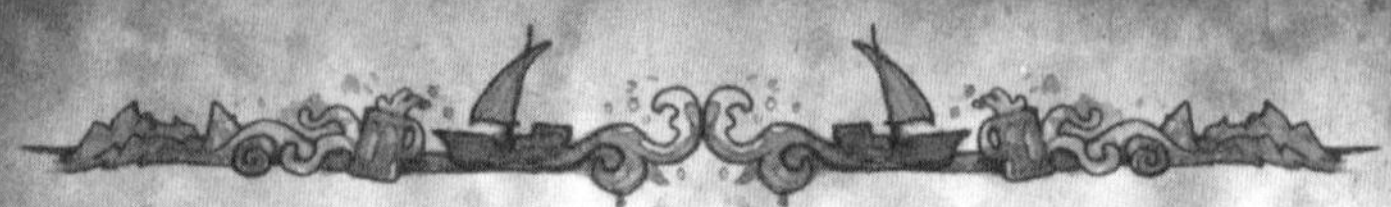

Über Madalinds Zielort im Koschgau war die Familie bedauerlicherweise nur unzureichend im Bilde. Ihre Mutter lebte irgendwo südlich von Koschtal. Madalind war als junges Mädchen von sechzehn Sommern auf der Suche nach Anstellung in die Gegend gekommen und war bei den wenigen freien Höfen vorstellig geworden, die es in der Gegend gab. Mehr wussten sie nicht. Ich musste ein Seufzen unterdrücken. Diese Einblicke in das Leben einer Fremden und diesen Bauern waren nicht gänzlich uninteressant, aber sie brachten mich nicht nennenswert weiter.

Ich rief meine Kameraden zum Aufbruch und bedankte mich zur Freude der Familie auch im Namen des Höchsten für ihre bereitwillige Hilfe. Ich weiß, dass ich damit eine Gratwanderung vollführe, besitze ich doch noch nicht die Ordination, einen Segen zu spenden. Aber allein der Dank einer der Kirche nahestehenden Person erschien diesen frommen Seelen wie ein großes Geschenk. Warum sollte ich es ihnen nicht gewähren?

Der kürzeste Weg nach Koschtal führte über den Greifenpass. Noch am selben Tag brachen wir auf. Feligra schlug vor, noch einmal nach Gratenfels zurückzukehren, um Reiseproviant einzukaufen, doch ich fürchte, sie wird ihre Besorgungen unterwegs erledigen müssen. Mein Trockenfleisch reicht noch für mindestens eine Woche, und ich kann mir keinerlei Verzögerungen mehr leisten. Der Ochsenkarren ist langsam genug.

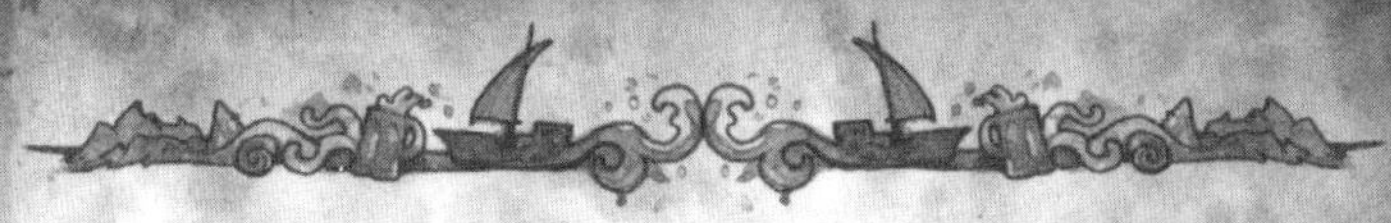

Du liebes gutes Büchlein,
die Aurane ist schon eine lustige Person. Ich habe mir Inquisitoren immer ganz anders vorgestellt. Verknöchert und verstaubt. Ein wenig trocken ist diese gelehrte Frau schon, aber sie hat noch genug praktischen Verstand im Kopf, als dass es sich mit ihr aushalten lässt. Inzwischen sind wir beim Du angelangt. Vielleicht, weil sie gemerkt hat, wie wenig mir Formalitäten liegen. Natürlich benutze ich die Floskeln der Höflichkeit wie jeder andere, aber meiner Natur widerstrebt's, ständig dieses *Euer* und *Ihr* und *Habe die Ehr'*.
So wie ich selbst keinen Wert darauf lege, dass man mich Meisterin nennt. Das verlange ich höchstens von dreisten Bierpanschern.
Und Idamil hat auf jeden Fall Schwierigkeiten mit all den Titeln. Der hat immer Euer Wohlgeboren zu ihr gesagt, dabei ist sie doch gar keine Junkerin. Und in der Kirche ist sie obendrein.
Sie hat's aber mit Humor genommen und uns nach drei Tagen das Du angeboten. Es schmeichelt mir schon, dass eine so hohe Dame mit mir wie mit einer alten Freundin redet. Dir, liebes Büchlein, darf ich das eingestehen.
Wie das Leben so spielt, geht's jetzt wieder zurück über den Greifenpass. Und wir haben es eilig dabei. Ich bin mir nur inzwischen nicht mehr so sicher, wen wir nun eigentlich

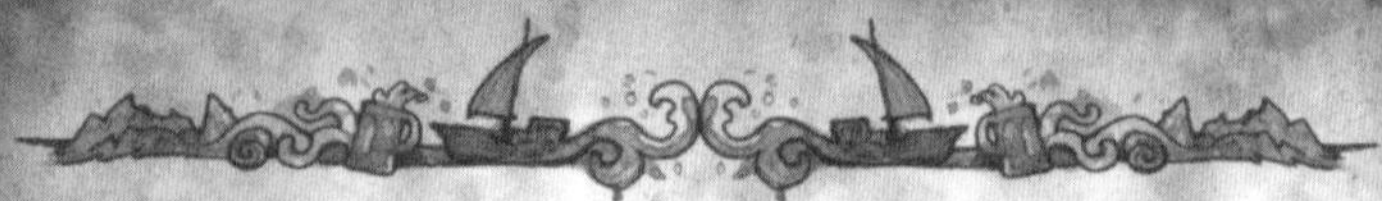

suchen. Diese Madalind Trudwenger oder die Junkerin von Zehnthof? Womöglich beide. Da hier alle einander hinterherlaufen, wird die eine zu finden wohl bedeuten, dass auch die andere nicht weit ist.

Auch will Aurane nicht so recht mit dem Grund herausrücken, warum wir die beiden eigentlich suchen. Da gibt sie sich sehr geheimnisvoll. Sie hat die Bauern aber nach irgendeiner Schnitzerei befragt. Mir soll alles Recht sein. Ich wäre ja auch schon blöd, mich mit einer Inquisitorin anzulegen. Nur je nachdem, wie lange diese Suche noch dauert, werde ich ihr sagen müssen, dass ich auch noch Verpflichtungen als Braugrevin habe, denen ich nachkommen muss. Zum Glück geht die diesjährige Biersaison gerade erst los. Man bereitet sich darauf vor, frischen Angroschsbock in die Fässer zu füllen. Also bleiben mir noch ein oder zwei ruhige Wochen, bis die Pflicht ruft.

Bei Travias guten Gaben, ich werde noch ganz hektisch. Wie die Menschen, mit denen ich reise. Nicht einmal Zeit für einen Gang auf den Gratenfelser Markt ist uns geblieben. Ich hoffe, ich kann auf den Weg zum Pass noch einmal bei Grumbosch vorbeischauen. Und ich werde mich auf den Dörfern, durch die wir kommen, nach Wegzehrung umsehen müssen. Immerhin hat es auch sein Gutes. So muss ich nicht die berühmten Gratenfelser Zollaufschläge bezahlen.

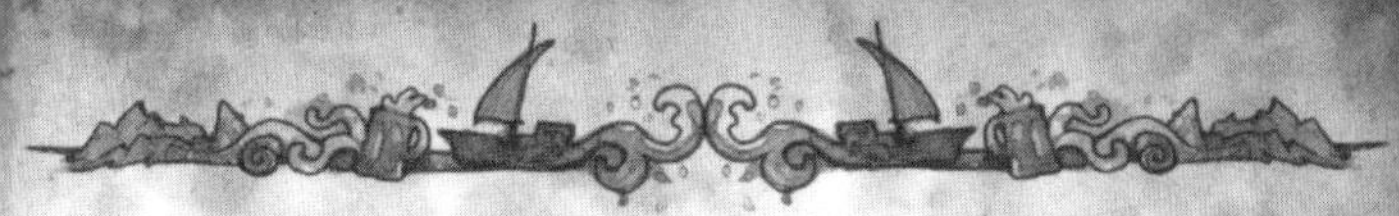

Aus den Aufzeichnungen der Inquisitorin Aurane von Weiseprein
Greifenpass, 11. Peraine 1040 BF

Das Reisen wird mit jedem Tag angenehmer. Der Peraine ist bald schon halb vorüber und wir spüren immer deutlicher die wohlige Wärme des Frühlings.
Weiß leuchten die Apfelbäume wie strahlende Inseln in einem grünen Meer aus grünen Roggenhalmen, Drosselsang untermalt unsere Reise ebenso wie das Rumpeln von Karren und das Klappern von Pferdehufen auf der Reichsstraße. Der Verkehr, der auf der Strecke nach Angbar im Winter versiegt wie ein zugefrorener Bach, beginnt wieder ebenso zu fließen wie die Quellflüsse in den Bergen.
Doch meine beiden erfahrenen Koscher warnen mich vor genau diesem Umstand.
Peraine ist der Monat, wo auch im Kosch Firuns kalter Atem endlich weiter nach Norden abzieht, aber nicht, ohne dass die Berge seinen Abschied beweinen. Der Frühlingsregen lässt durch die Schneeschmelze viele Bergbäche über die Ufer treten, ganze Almwiesen verwandeln sich für wenige Tagen in kleine Flussläufe. Und dieser Umstand kann die wenigen Straßen dort oben schlimmer beschädigen als der Frost eines ganzen Winters.
Während wir unsere Nachforschungen in Gratenfels betrieben, war die Natur eifrig bemüht, die Berge umzugestalten.

Feligra versicherte mir, dass während ihrer Herreise noch Schnee im Hochkosch gelegen hatte. Bei der anstehenden Überquerung des Koschs rechnet sie mit viel Nässe. Dann riss sie einen Witz über Frauen mit nassen Röcken, den ich nicht verstand. Ich muss nicht alles verstehen, was diese Angbarer Sackpfeifen unterhaltsam finden.
Wir zahlten an der Wegestation auf der Grenze der Landgrafschaft Gratenfels zur Grafschaft Wengenholm den Greifenzoll zur Passbenutzung, dann machten wir uns an den serpentinenreichen Aufstieg.
Doch nach einiger Zeit standen wir zusammen mit einem halben Dutzend Reisender vor einer Wand aus Geröll und Schlamm.
Ein Erdrutsch versperrte den Pfad. Der Sappeur besah sich die Sache näher. Er kam zu dem Urteil, dass der Erdrutsch erst wenige Tage alt sein konnte und dass ohne schweres Gerät und jede Menge tatkräftiger Hände kaum ein Weiterkommen möglich war.
Wie fast alle anderen, die auf der Straße vor demselben Problem standen wie wir, machten wir einen Abstecher in ein nahegelegenes Dörfchen. Die dortige Herberge war hoffnungslos überfüllt.
Wir blickten überall in lange Gesichter, die weniger der berüchtigten »zwergischen Sturheit« der Einheimischen, sondern vielmehr diesem unvorhergesehenen Aufenthalt geschuldet waren. Auch meine Laune näherte sich den kühlen

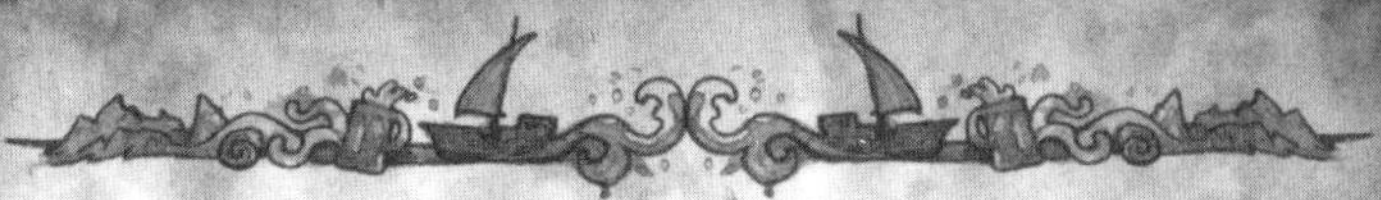

Temperaturen an, welche die Berge noch immer fest im Griff hatten. Die Umstände schienen sich verschworen zu haben, mich von meinem Auftrag abzuhalten.

Während das Dorf noch dabei war, einen Trupp zusammenzustellen, der die Straße freiräumen sollte, weigerte ich mich jedoch, noch eine weitere Verzögerung hinzunehmen. Ich wies Feligra und Idamil an, mir einen Krambold oder irgendeinen anderen Bergkundigen herbeizuschaffen, während ich die Zwangspause zum Gebet nutze und um meine Aufzeichnungen zu vervollständigen.

Irgendwo muss ein gewitzter Kopf zu finden sein, der uns auf einem Umweg an diesem Hindernis vorbei und wieder auf die Passstraße führen kann.

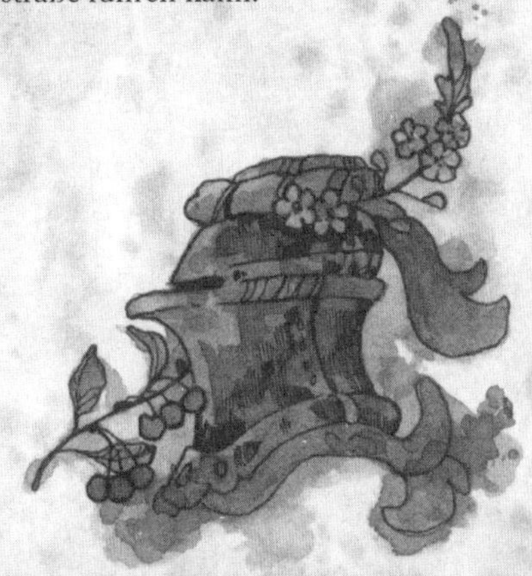

Du liebes gutes Büchlein,
was immer der Auftrag der geschätzten Aurane nun eigentlich umfasst: Er scheint sie zunehmend unter Druck zu setzen. Als wir feststellen mussten, dass der Pass von einem Bergrutsch versperrt war, wurde sie richtig übellaunig. Zu Idamil und mir hat sie nichts gesagt, aber man konnte es ihren zusammengezogenen Brauen und den verkniffenen Lippen ansehen.
So nahm es mich nicht wunder, dass sie Idamil und mich losschickte, um einen Steiger zu finden. Das war natürlich nicht so ganz einfach, da sie nicht die Einzige war, die es eilig hatte und auf die Idee gekommen war, den Pass zu umgehen. Aber die Auswärtigen sind alle gescheitert. Kein Wunder, die meisten Steiger sind entweder unterwegs oder aus gutem Grund daheimgeblieben. Aber ich kann mit Fug und Recht sagen, dass es kaum ein Problem gibt, für das eine echte Hügelzwergin keine Lösung finden könnte. Ich bin gut Freund mit dem örtlichen Schmied. Er hat vor längerem einer meiner Basen den Hof gemacht und ich hatte ihm ein paar Ratschläge bei der Werbung erteilt. Dass sie dann letztlich einen anderen Verehrer genommen hat, hat der gute Roglom mir nicht angelastet.
Er wiederum kennt im Ort natürlich jeden und vermittelte uns die Dienste von Hamwiede Garnelkloß, einer jungen Kramboldin.

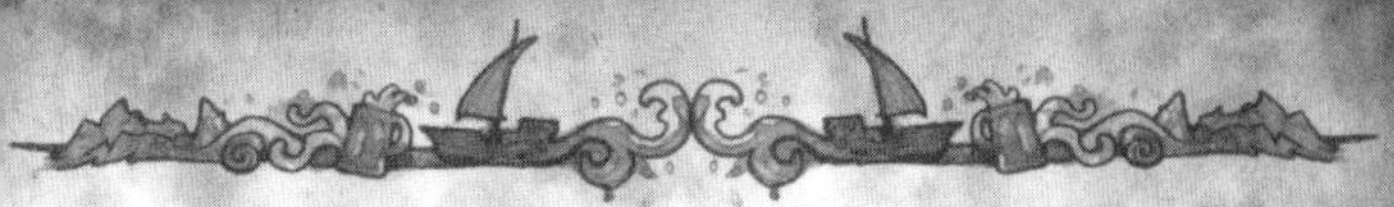

Unsere Aurane war mächtig überrascht und erfreut, als wir mit Hamwiede bei ihr aufkreuzten.
Diese aber sagte uns, dass es unmöglich war, über die Bergpfade mit einem Karren zu reisen. Pferde, am Zügel geführt, würden gerade noch so mitgehen können. Aber der Karren musste bleiben.
Ich lamentierte ein bisschen, dann brachte ich Karren und Ochsen bei Roglom unter. Aber ich ließ Aurane für die Verköstigung der Tiere aufkommen. Und das war nicht gerade wenig. So wie diese Reise sich gestaltet, komme ich frühestens im Sommer wieder hier vorbei. Meinen Ochsen werden sich also erst einmal an die kargen Wiesen von Dunkelhain gewöhnen müssen.
Meine Vorräte verteilten wir in Packtaschen, die wir den Pferden anhängten. Sie waren ohnehin sehr kümmerlich. Die Mitte des Frühjahrs ist noch karger als der Winter. Da alle Vorräte aufgebraucht sind, aber noch keine neuen Ernten zu erwarten sind, war in den Bergdörfern nicht viel zu bekommen. Wir werden uns wohl mit Buchweizengrütze und Rüben zufriedengeben müssen.
Dann machten wir uns auf Kraxelwanderschaft durch verschlammte Kiefernwälder. Aurane führte eins ihrer Pferde. Idamil das andere. Es dauerte Stunden, bis wir kurz vor Passweiser die Reichsstraße wieder erreichten. Wir alle wurden von Rückenschmerzen geplagt und ich habe immer noch keinen Valpoldinger gesehen.

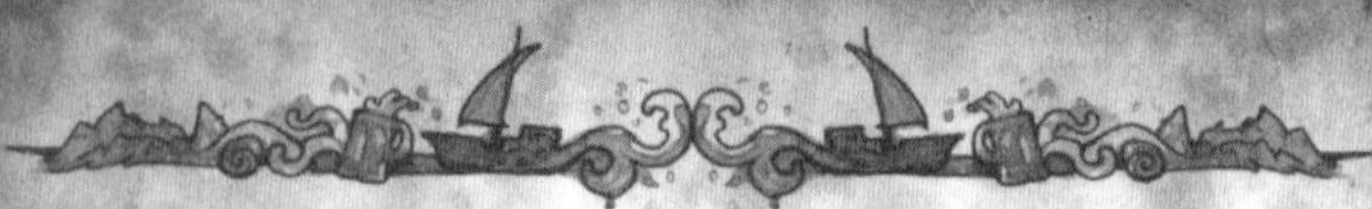

Aber wir alle dankten Hamwiede überschwänglich. Bis auf Aurane. Ich glaube, diese Frau des Glaubens würde das Konzept von überschwänglich nicht einmal verstehen, wenn es ihr nackt und jauchzend ins Gesicht spränge.
Dann warnte uns auch Hamwiede noch einmal vor Räubern. Wir kannten das ja schon von der Herreise, folglich war es Idamil und mir auch ein wenig unheimlich, als wir am nächsten Tag von Passweiser aufbrachen, denn wir waren mit Ausnahme einiger weniger Reisender, die uns von Osten her entgegenkamen, die einzigen Seelen auf der Straße. Für so eine Schurkenbande war das ein gefundenes Fressen.
Wir schlugen vor, in Passweiser auf weitere Reisende zu warten, um eine größere Gruppe zu bilden, aber Aurane hatte es noch immer eilig. Sie überließ Idamil eins der Pferde, auf das andere schwang sie sich selbst. Und dann verlangte sie doch allen Ernstes, dass ich zu ihr aufsteigen solle.
Beim Fußpilz eines Ogers! So große Tiere sind nur etwas für große Leute. Nachher falle ich herunter und dann geht mein Rücken zu Bruch. Oder, noch schlimmer, mein Wanderhumpen!
Ich weigerte mich standhaft. Nur leider hatte die Inquisitorin überhaupt kein Einsehen.
Und es wäre beinahe auf einen Streit hinausgelaufen, wenn Idamil nicht in diesem Augenblick stumm sein Pferd gewendet hätte, nur um es vor dem kleinen Krämerladen des Ortes zu stoppen.

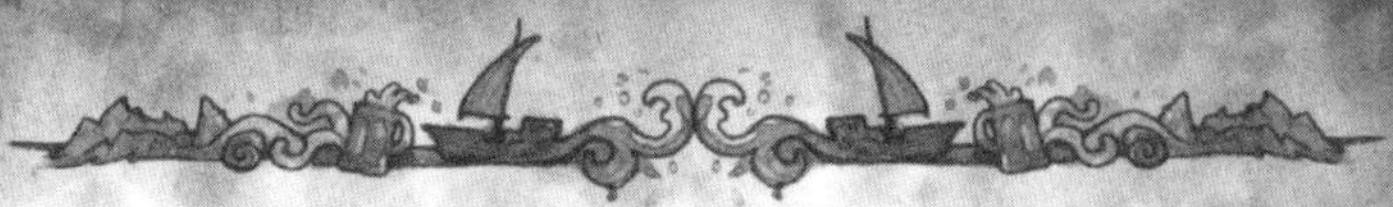

Er ging in den Laden und kam kurze Zeit später mit einer schritthohen Holzkiepe zurück. Genauso eine, wie Hamwiede und die anderen Krambolde sie trugen.

Dann schlug er allen Ernstes vor, dass ich in die Kiepe steigen solle, die er sich auf den Rücken schnallen würde.

Ich bin nicht sicher, was das mit seinem Rücken macht. Oder mit dem des Pferdes. Aber ich vertraue seinen Reitkünsten mehr als meinen eigenen. Es war ein Kompromiss, auf den ich mich schließlich widerwillig einließ.

Und ich muss sagen, es ist wie ein Floß in den Stromschnellen bei den Ingrakuppen: eine schwankende Angelegenheit.

Da aber die Schneeschmelze die Reichstraße in eine Sumpflandschaft verwandelt hatte, kamen wir ohnehin nur im Schritt voran. So blieb Idamils Rücken wohl das Schlimmste erspart.

Kurz vor Einbruch der Dämmung nahm der Weg zwischen zwei Gipfeln hindurch eine steile Windung hinauf zur Passhöhe, wo man weithin den Greifenfelsen sehen kann. Dort sprangen uns plötzlich zwei verwegen aussehende Weiber und ein Kerl mit gezückten Klingen in den Weg. Ausweichen war nicht drin. Rechter wie linker Hand ragten Felswände auf. Im nächsten Moment hagelten hinter uns kindskopfgroße Steine auf den Weg.

Die Pferde stiegen. Aurane parierte durch. Idamil hatte damit Schwierigkeiten. Sappeure sind eben keine Kavalleristen. Ich konnte mich nur mit Mühe in der Kiepe halten. Mit mehr Glück als Verstand gelang es Idamil jedoch, sich auf dem

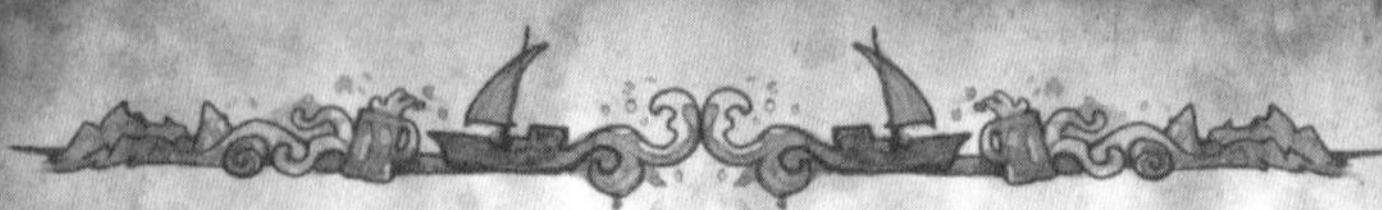

Pferderücken festzuklammern, bis das Tier mit bebenden Flanken aber einigermaßen ruhig neben seinem Kameraden stehen blieb.
Dennoch war Idamil selbst und auch allen anderen deutlich geworden, dass er sein Reittier nicht gut genug unter Kontrolle hatte, um den Versuch zu wagen, die drei Gestalten vor uns einfach über den Haufen zu reiten. Zumal hinter uns vier weitere Bandenmitglieder aus einer Felsnische hervortraten. Gespannte Bögen im Anschlag. Diese vier hatten sich die Gesichter mit Schals und breiten Tüchern vermummt.
Mit breitem Grinsen verlangte die gröbere der beiden Frauen Wegzoll. Aurane appellierte an ihre Göttertreue. Das brachte ihr nicht mehr ein als die Versicherung, man habe nicht vor, ihr als Dienerin der Zwölfe irgendetwas anzutun. Solange sie den verlangten Wegzoll von zwanzig Goldstücken zahlte. Andernfalls würde man sich eben an ihre Begleiter halten. Damit meinte diese miese Koschkröte uns. Idamil griff nach seiner Axt.
Von hinten grunzte irgendwer, man könne ja auch die Zwergin in Zahlung geben. Und in dem Moment merk' ich doch, diesen brummigen Zwerg kenn' ich!
Ich reckte mich, so gut es ging, aus der Kiepe und schrie diesen Zwischenrufer an, ob er sich denn nicht schäme. Dann drohte ich ihm, das alles seiner Mutter zu erzählen. Mit der habe ich ein gutes Verhältnis. Immerhin kaufe ich bei ihr jedes Mal einen hübschen Humpen für meine Sammlung,

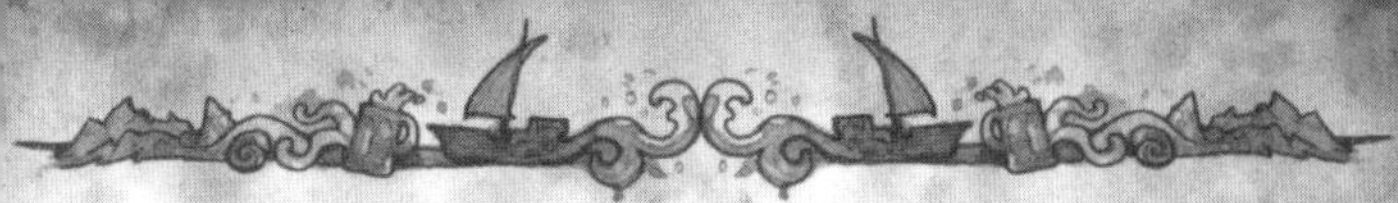

wenn ich in Passweiser durchkomme. Auch dieses Mal. Ob der gute Rumpo denn wolle, dass der schöne blau lasierte Krug aus ihrer Werkstatt zu Bruch geht? Da wurden die Strauchdiebe plötzlich ganz schweigsam.

Ich rief Rumpo, er solle gefälligst nicht feige sein, sondern sich zeigen. Er trat vor. Immerhin sah er angemessen schuldbewusst aus. Nach und nach erkannte ich auch einige der anderen Gesichter. Es waren Menschen, und sie hatten sich maskiert, da brauchte ich ein wenig länger. Die Gesichter der Großen sind immer so weit von meinem weg, dass es mir manchmal schwerer fällt sie auseinanderzuhalten. Aber zweifellos waren alle noch jung und vier von ihnen stammten aus Passweiser. Die anderen kamen wahrscheinlich aus anderen kleinen Dörfern. Was deren Eltern wohl dazu sagten, wenn sie von diesem Nebenverdienst hier erfuhren?

Einen Schluck Bier und eine Brotzeit verlangte ich schon. Das war das Mindeste für den Schreck, den sie uns eingejagt hatten. Immerhin waren sie anständig genug, dann auch ihr Brot mit uns zu teilen.

Je mehr Leute ich auf ihre Eltern ansprach, umso zerknirschter wurde die Bande. Es ist wahrscheinlich gar nicht so leicht ein harter, durchtriebener Räuber zu sein, wenn man doch eigentlich von seinen Eltern ganz anständig und göttertreu erzogen wurde.

Die Tatsache, dass tatsächlich jemand einen Schlauch Wein dabeihatte, versöhnte mich wieder. Es war ein bekömmliches

Tröpfchen aus Elenvina. Einer von den guten. Nicht das gepanschte Zeug.

Idamil fand sich recht schnell mit der erfreulichen Wendung der Dinge ab. Aurane brauchte etwas länger. Aber schließlich trank sogar sie einen Schluck Rebensaft. Sie nahm allerdings allen Anwesenden das Versprechen ab, in Zukunft solche närrischen Ideen bleiben zu lassen und sich im Winter und Frühjahr lieber aufs Schnitzen zu verlegen als die Gegend unsicher zu machen. Und, falls sie sich nicht daran halten sollten, drohte sie ihnen mit der vollen Härte des Gesetzes.

Das schüchterte diese halbstarken Tunichtgute doch kräftig ein. Später unterhielten wir uns über den ersten Überfall. Rumpo wollte unbedingt wissen, warum ich leere Fässer auf meinem Wagen hatte. Ich erklärte ihm grinsend, dass ich das machte, um die Zöllner zu ärgern, die den Zoll ja an Hand des Warenwerts bemessen. Und weil es eine gute Abwehr gegen Räuber darstellte. Als ich ihn fragte, was mit meinen Fässern passiert war, zuckte er die Achseln. Ein Fass war ins Wirtshaus in Passweiser gewandert, ein weiteres, das zu Bruch gegangen war, diente inzwischen als Waschtrog. Ein anderes als Wippe für die Nachbarskinder.

Was soll's, sagte ich mir. So hatten zumindest die Leute in Passweiler was davon. Und das Leben der Bergbauern ist ja nun, bei Angroschs Hammerschlag, nicht gerade leicht. Also tat ich die Angelegenheit mit einem Schulterzucken ab.

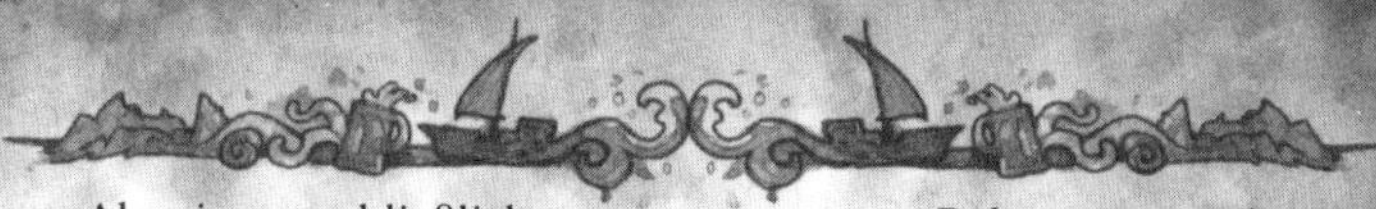

Als wir uns schließlich von unseren neuen Bekannten verabschiedeten, starrte Aurane grüblerisch vor sich hin. Ich tröstete sie, dass sie das Richtige getan hätte. Diese Kindsköpfe, die eigentlich noch halbe Kinder waren, zu bestrafen oder gar beim Baron anzuzeigen, würde für ihre Familien das Leben unverdient schlimmer machen. Und zumindest mir hatten sie keinen Schaden zugefügt, den ich nicht verkraften konnte. Ich vertraute fest darauf, dass sie sich unsere Warnung von nun an zu Herzen nahmen. Die Inquisitorin konnte ich allerdings nicht überzeugen. Der einzige Grund warum sie die Delinquenten nicht anzeige, betonte sie, sei lediglich der Tatsache geschuldet, dass sie einen Auftrag von höchster Stelle habe, der ihr nicht erlaube, sich wegen anderer Angelegenheiten aufzuhalten. Aber wenn sie in Zukunft noch einmal etwas von dieser Räuberbande höre, dann hätten diese Bauernkinder nicht mit Erbarmen zu rechnen.
Ich glaube aber, da steckt ihr Versuch dahinter, das Recht so auszulegen, dass sie sich formell an die Regeln halten konnte und die Kinderchen dennoch eine Gelegenheit zur Besserung erhalten. Schließlich ist sie eine gutmütige Seele. Das ist mir seit der Sache mit ihrer Freundin Odrud klar. Aber sie hat sicher schon viele Schlechtigkeiten gesehen und hegt Zweifel an der Ehrlichkeit der Leute.

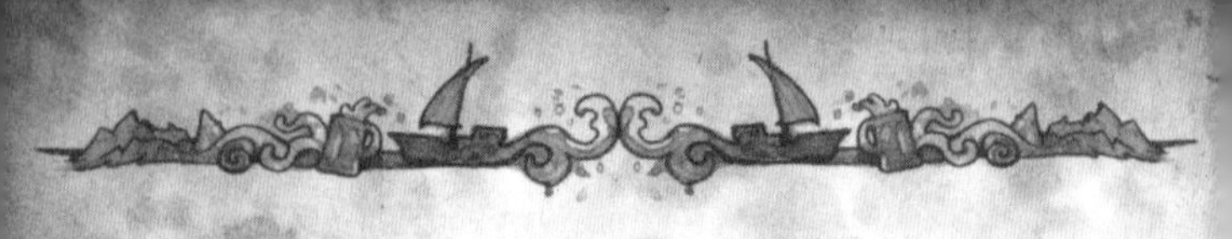

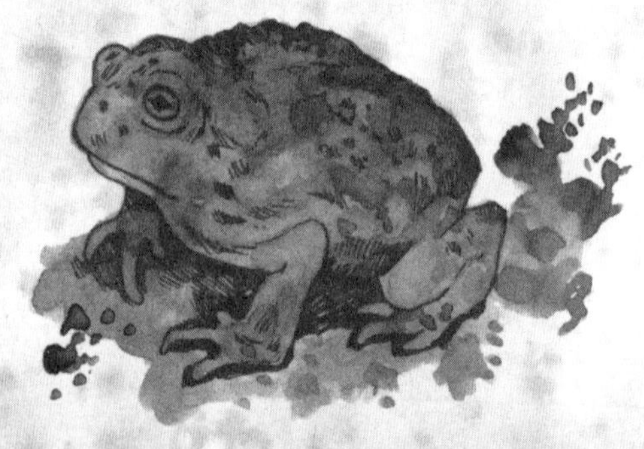

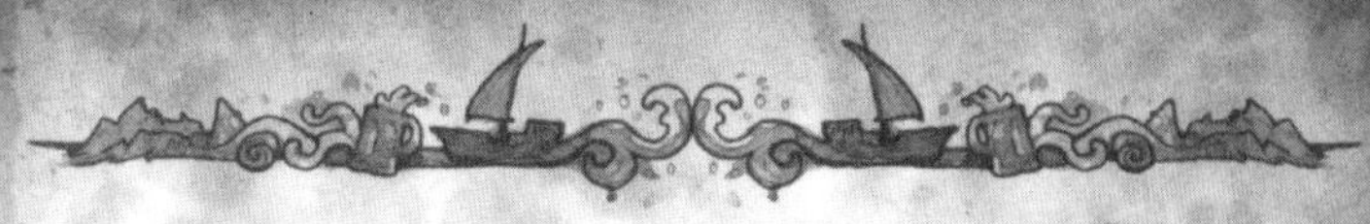

VII

Tauwetter

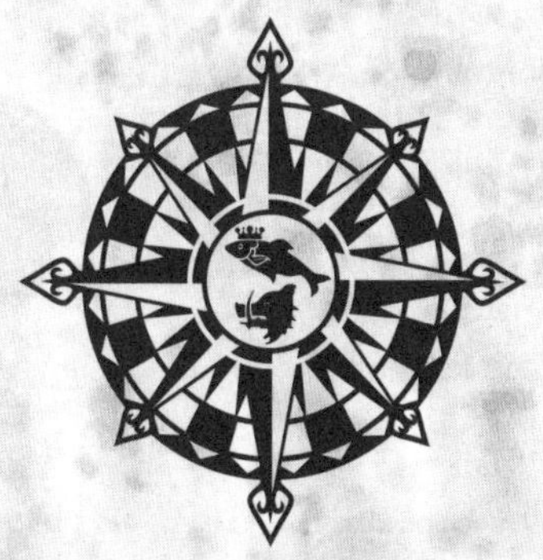

Aus den Aufzeichnungen der Inquisitorin Aurane von Weiseprein
Stippwitz, 13. Peraine 1040 BF

Wir haben den Greifenpass endlich hinter uns gelassen. Ein paar Strauchdiebe, die uns begegnet sind, haben sich letztlich als harmlos erwiesen, aber ich werde die Gegend im Auge behalten. Sollten sich dort ähnliche Dinge erneut zutragen wie das, was uns widerfahren ist, muss ich den Graf von Wengenholm informieren.
Man merkt, dass die Grafschaft schwer unter dem Alagrimm zu leiden hatte. Jallik von Wengenholm ist so sehr mit dem Wiederaufbau beschäftigt, dass er offenbar nicht mehr genug Zeit hat, sich um die Umtriebe seiner Bauern zu kümmern. Hoffentlich ändert sich das in einigen Jahren, sonst könnten sich Meldungen über derlei Zusammenrottungen häufen.
Ich hoffe, dass ich das Richtige getan habe, als ich auf Bitten Feligras Milde walten ließ, damit diese jungen Menschen noch eine Chance zur Besserung erhalten.

Da ich davon ausgehen kann, dass Ihre Hoheit über den gleichen Wissenstand verfügt wie wir, wird es mir hoffentlich gelingen, ihren Reiseweg logisch zu deduzieren. Die einzige halbwegs befestigte Route in das Koschgau führt von Rhondur über Koschtal. Also muss ich meine Schritte zunächst nach Rhondur lenken.

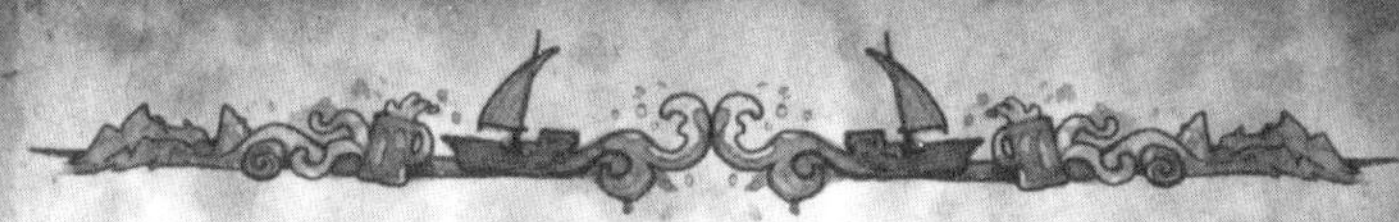

Vom Greifenpass aus nimmt man den schnellen und bequemen Weg über Angbar. Von dort reist man in südlicher Richtung am Ufer des Angbarer Sees entlang durch das liebliche Hügelland nach Rhondur.

Natürlich ist nicht völlig auszuschließen, dass Ihre Hoheit eine andere, weniger belebte Strecke gewählt hat, aber welchen Sinn hätte das? Nach meinem jetzigen Wissenstand reist sie allein. Keine gute Voraussetzung, um sich durch die Wildnis zu schlagen. Daher stellt sich mir die Frage, warum sie das Risiko eingehen sollte. Sie ist einmal durch die Nordmarken bis Gratenfels gekommen, ohne erkannt zu werden. Was müsste sie dann also in Angbar oder Rhondur fürchten? Niemand würde die Herzogenmutter hier vermuten, also kann sie sich auch weiterhin auf ihre Tarnung als Junkerin von Zehnthof verlassen. Daher ergibt eine einsame Wildniswanderung keinen Sinn.

Dennoch ist Eile geboten, denn wenn ich sie nicht bald finde, könnte ich spätestens im Koschgau, wenn nicht sogar schon in Koschtal, ihre Spur verlieren. Dort ist die Gegend ähnlich spärlich besiedelt und unwirtlich wie in Nordgratenfels. Also dränge ich meine Kameraden zur Eile.

Ich wollte Luri noch nicht so früh wieder mit langen Tagesritten belasten, aber die Not gebietet es. Meine Reisebegleiter wollen beide zurück nach Angbar. Inzwischen bin ich so sicher, wie ich sein kann, dass sie keine Ahnung habe, wer die Junkerin von

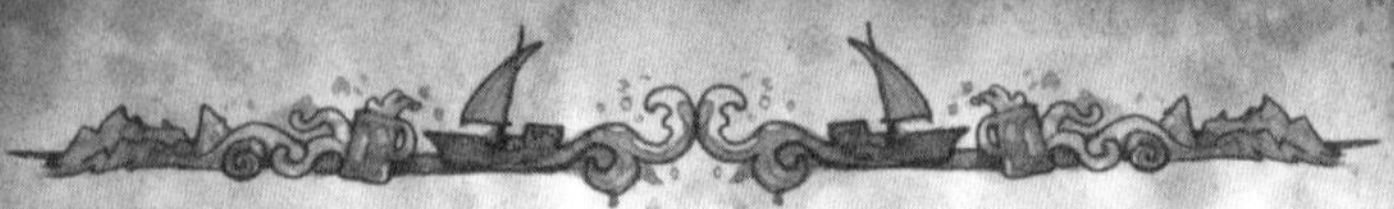

Zehnthof in Wahrheit ist. Wenn sie in Angbar bleiben wollen, werde ich nicht in sie drängen, mich weiter zu begleiten.
Allein bin ich wahrscheinlich ein wenig schneller als bei unserer gegenwärtigen Aufstellung. Wobei ich eingestehen muss, dass ihre Gegenwart mir bei meiner Suche gerade in den wilderen Landstrichen sehr geholfen hat. Der Sappeur verfügt über einige Erfahrung in der Wildnis, und die Braugrevin scheint wahrlich überall Bekannte zu haben, selbst auf dem kleinsten Dorf. Das kann mir auch bei der Suche im Südkosch nützlich sein.
Allerdings haben die beiden immer wieder betont, dass es sie zurück nach Angbar zieht, ich werde sie nicht aufhalten.

Koschtal, 16. Peraine 1040 BF

Zu meiner Überraschung haben Idamil und Feligra in Angbar nicht eine Sekunde gezögert, als ich sie fragte, ob sie mich weiter begleiten möchten. Im Gegenteil, beide haben bekräftigt, dass sie höchst ungern das Ende dieser Suche verpassen würden. Wir nächtigten im kleinen Örtchen Stippwitz und erreichten am Folgetag Rohalssteg. Hier verließen wir nun die blauen Wasser des Angbarer Sees und die grünen Hügel, um uns wieder den Koschbergen zuzuwenden, die dunkel am Horizont aufragten.

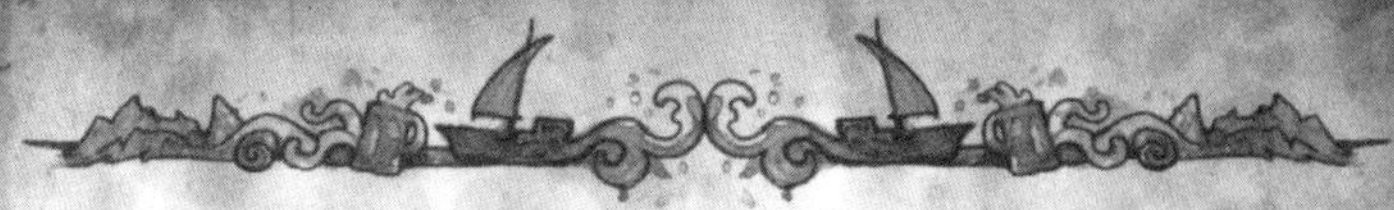

Koschtal liegt auch an einem See, der allerdings viel kleiner ist als der Angbarer See. Aber es gibt in den Gasthäusern ebenso gute Fischgerichte wie in Angbar oder Rohalssteg. Gleich hinter dem Ort beginnen die Berge und mit ihnen die Wildnis. Die einzige ausgebaute Straße ist die, auf der wir reisen. Darüber hinaus gibt es nur noch die unwirtlichen Pfade der Schäfer und Steigerleut. In Koschtal berichtete man mir bereitwillig vom kürzlichen Besuch einer reisenden Junkerin. Endlich habe ich Gewissheit, dass ich die Spur nicht ganz verloren habe. In den letzten Tagen sind wir gut und, da die Straßen am Angbarer See nicht überschwemmt waren, auch schnell vorangekommen. Bald könnte sich das allerdings wieder ändern, da wir auch auf dieser Seite des Koschs mit den Folgen der Schneeschmelze rechnen müssen.
Über Madalind oder ihre Mutter konnte ich leider noch nichts in Erfahrung bringen. Der Name Trudwenger scheint in der Gegend leider auch nicht im Übermaß geläufig zu sein.

Du liebes gutes Büchlein,
ich bin immer wieder davon fasziniert, wie die Berge ihre schier unendlich scheinende Ruhe und Gelassenheit auf die wuselnden Menschenkinder übertragen. Diejenigen, die am Berg leben, wird man selten in großer Hektik finden. Sie wissen ja auch, dass es keinen Zweck hat, wie ein von der Biene gestochenes Frettchen herumzurennen. Stattdessen haben sie gelernt, ihre Kraft für die wichtigen Dinge aufzusparen. Und das bedeutet, dem ewigen Jahreslauf der Natur geduldig zu folgen, dem leisen Atem der Berge zu lauschen und den Warnungen und Weisheiten, die der Wind von den ewig weißen Gipfeln herabträgt.
Eine Erfahrung, die früher oder später auch Reisende machen, wenn sie sich nur lange genug im Gebirge aufhalten. Der Berg mag keine hektischen Besucher und er findet immer einen Weg, sich ihrer zu erwehren.
Je näher wir den Bergen kamen, umso mehr suchte ich die richtigen Worte, diese Lektion auch an Aurane zu vermitteln. Die hörte mich, aber ihr Verstand war nicht bereit, die höhere Weisheit zu akzeptieren. Stattdessen ermahnte sie uns bei jeder Gelegenheit zur Eile und verbot mir sogar das Kochen. Ich wäre beinahe noch ganz magenkrank geworden.
Aber dann erlebten wir einige Stunden hinter Koschtal unsere erste Überraschung. Einer der Bergbäche, die den Sylbrigen See speisten, hatte sich in einen reißenden Strom verwandelt.

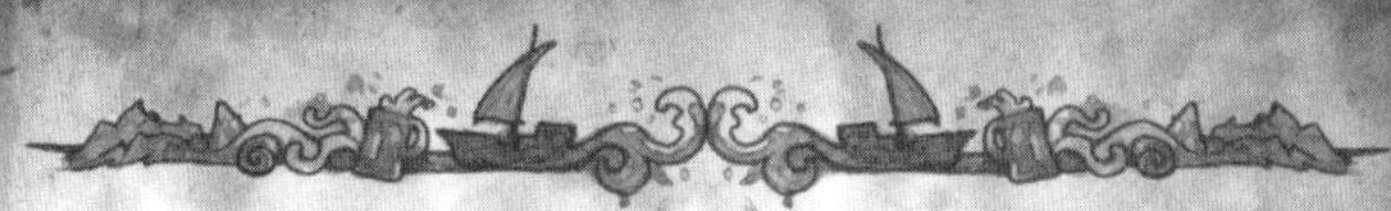

Und von der einzigen Brücke, die uns hätte hinüberführen können, gab es nur noch morsche Reste zu beweinen.
Ich bin sicher, in einem Monat, wenn der Boden wieder trockener ist, werden die Koschtaler ausrücken und die Brücke innerhalb weniger Tage wieder neu errichten, aber bis dahin ist der Weg versperrt.
Wir diskutierten, was zu tun sei. Durch den Fluss zu schwimmen, kam sowohl Idamil aus auch mir wie eine schlechte Eingebung vor. Ein Fluss, der Tauwasser trägt, ist unberechenbar. Und schrecklich kalt.
Also blieb uns nur die Auswahl zwischen zwei anderen Möglichkeiten: dem Gewässer flussaufwärts folgen und dort nach einer Furt suchen oder zurück nach Koschtal reiten und den See am entgegengesetzten Ufer umgehen. Aber das würde uns mindestens einen vollen Tag kosten. Beim unberechenbaren Perainewetter womöglich sogar mehr als das. Noch höher in die Berge aufzusteigen, war aber auch nicht ungefährlich.
Dennoch beschloss Aurane, genau das zu versuchen. Sie murmelte etwas davon, die Spur nicht verlieren zu wollen. Wessen Spur sie damit nun genau meint, hat sie wieder einmal nicht erklärt.
Ich wurde immer neugieriger, was es mit der Junkerin von Zehnthof auf sich hat und warum sie so händeringend gesucht wurde. Zu Recht!
Unsere Suche nach einer Furt war nicht vom Glück beschieden, schließlich stand die Sonne schon recht tief und wir

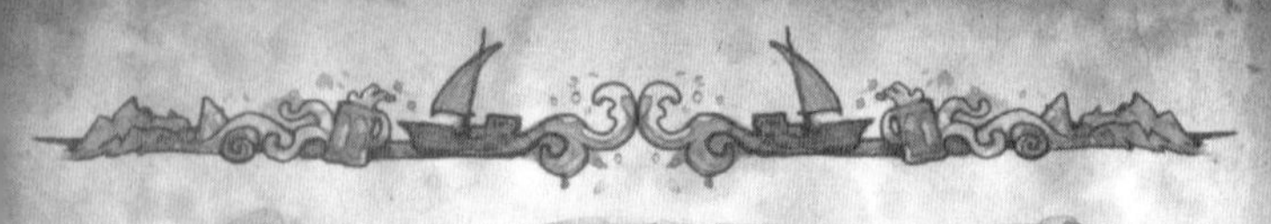

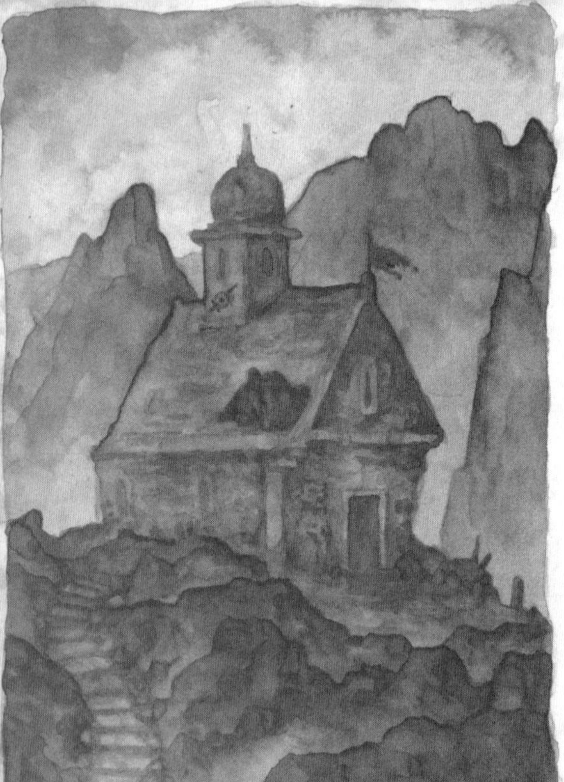

begriffen, dass wir es an diesem Tage nicht mehr bei Licht zurück nach Koschtal schaffen konnten. Und auch in keinen anderen Weiler. Jedenfalls keinen uns bekannten. Wir richteten uns bereits auf eine kalte Nacht in der Wildnis ein, da stieß Idamil plötzlich einen Pfiff aus.

Mit freudiger Überraschung deutete er auf ein Gemäuer, das nicht weit entfernt von uns auf einer Felsnadel thronte.
Für eine Festung war es zu klein und nicht wehrhaft genug, grübelte Aurane. Sie vermutete, dass es sich um eine alte Kapelle handelte. Obwohl sie halb verfallen aussah, boten ihre alten Mauern dennoch einen weit besseren Schutz vor Wind und Nässe, als wir ihn im Bergwald finden würden. Ein steiles, verwittertes Treppchen führte zur Felsnadel hinauf.
Schweren Herzens hobbelte Aurane die Pferde an, es tat ihr sichtlich Leid, die Tiere ohne Schutz zurückzulassen. Eine ganze Nacht lang war das auch riskant. Mit den Fußfesseln konnten unsere Rösser zwar nicht sehr weit fortlaufen, aber sie würden auch jedem hungrigen Raubtier, das des Weges kam, ausgeliefert sein.
Wir zögerten die Entscheidung, wie wir die Pferde in der Nacht unterbringen würden, noch hinaus. Zunächst galt es, das alte Gemäuer zu erforschen.
Die Stufen hatten es in sich. Nicht nur waren sie vom Regen ausgehöhlt und geglättet, ihre Zahl war groß und Aurane keuchte schon nach der Hälfte der Stufen. Auch machte der Mangel an Geländer der Inquisitorin zu schaffen.

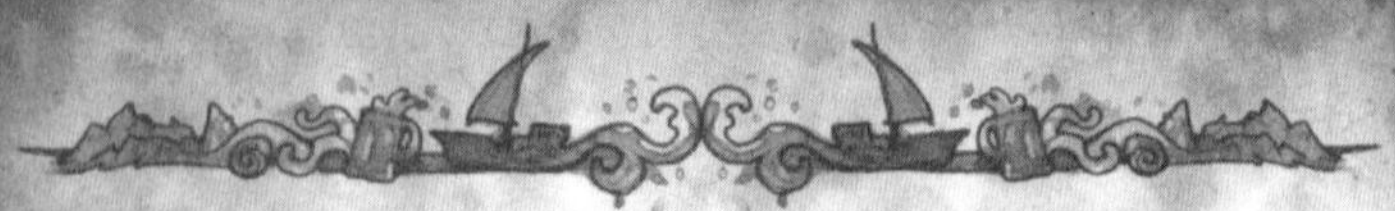

Am Ende zitterten ihr die Knie. Mir auch. Aber höchstens ein bisschen.
Wir sahen uns um. Das Haus war simpel gehalten, vier Wände und ein Dach. Eine kleine Apsis an der Rückseite untermauerte Auranes Theorie, dass es sich um eine Kapelle handelte. Ebenso die verwitterten Löwenornamente über dem Türstock. Das Haus war der Rondra geweiht. Unsere Nordmärkerin reagierte darauf mit freudiger Überraschung und der Bemerkung, dass ein wenig mehr Besinnung auf Rondras Werte dem Kosch nicht schaden könne.
Wir betraten das Haus durch ein morsches Holztor. Im Inneren war es dunkel, die Fenster glichen Schießscharten. Sie waren zu klein, als dass das schwindende Licht den langgestreckten Kirchenraum hätte ausleuchten können. Aber Idamil war um Abhilfe nicht verlegen. Er kramte eine Grubenlaterne, wie sie auch unter Bergleuten der Angroschim üblich ist, aus seinem Gepäck. Meine Liebe für diesen Menschen und seine zwergischen Angewohnheiten wächst immer mehr.
Im Schein der Grubenlampe bewunderten wir die Reste von Wandmalereien, die sicher sehr hübsch und farbenfroh gewesen sein mussten, aber das lag mit Sicherheit schon einige Jahrhunderte zurück.
Als wir uns dem Altar näherten, schälte sich auf einmal ein Schatten aus der Dunkelheit: eine ältere Frau mit strengem Gesicht in vornehmer, wenn auch etwas knittriger Reisekleidung. Sie erwartete uns ruhig, aber mit dem blanken Schwert in der Hand.

Ihr Blick schien uns zu vermessen, uns einzuschätzen. Ich merkte sofort, dass diese Frau es gewohnt war, Befehle zu erteilen. Und sie schien keinerlei Furcht vor uns zu verspüren. Ganz im Gegenteil. Die Art, wie sie mich vollkommen ruhig aus schmalen Augen taxierte, ließ mich innerlich erschauern. Na, wenn das nicht die vielgerühmte Junkerin von Zehnthof war, dann wollte ich nicht mehr Steinlettner heißen.
Ja, sie musste es wohl sein, denn Aurane sank vor ihr auf die Knie. Idamil und ich tauschten einen fragenden Blick. Dann folgten wir einvernehmlich dem Beispiel unserer gelehrten Akoluthin. Die musste es schließlich wissen.
Ich habe im Laufe meiner Zeit als Grevin schon so einige Adlige kennengelernt, aber noch nie ist mir jemand mit einer solch bezwingenden, herrschaftlichen Ausstrahlung untergekommen.
Die Fremde nickte und ließ Ihr Schwert zurück in die Scheide gleiten.
»Erhebt euch«, forderte sie uns auf. Dann wandte sie sich Aurane zu. Die stellte sich vor. Die Junkerin nickte. Und dann noch ein zweites Mal, als Aurane berichtete, wochenlang auf der Suche nach ihr gewesen zu sein.
»Mein Sohn schickt euch?«, fragte die Junkerin. »Nun, dann könnt ihr bald vom Erfolg Eurer Suche berichten.«
Aurane bat darum, nicht weggeschickt zu werden, da der Sohn der Junkerin sich große Sorgen, um ihr Wohlergehen machte. Stattdessen bot sie demütig ihre und auch unsere Hilfe an, bei jener Angelegenheit, die die Junkerin in diese Abgeschiedenheit geführt hatte.

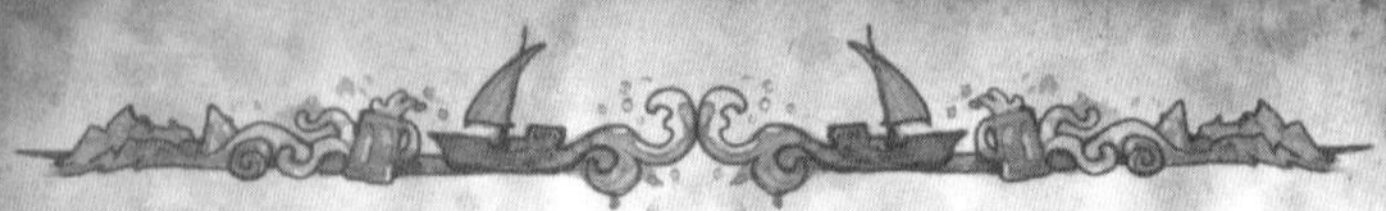

Inzwischen dämmerte mir, dass mit dieser Junkerin von Zehnthof etwas ganz und gar nicht stimmte. Aurane war selbst von Stand, diese Unterwürfigkeit brachte so jemand höchstens vor der Familie des Fürsten oder in den Nordmarken vielleicht des Herzogs auf.

Die Ereignisse in Gratenfels schossen mir noch einmal durch den Kopf. Die Zofe. Die mysteriöse Herrin, die ihre Zustimmung zur Ehe zu geben hatte. Auranes Eile. Die Art, wie sie bestimmte Fragen nicht beantwortet hatte. Eine Inquisitorin, die einer Junkerin bereits die Treue schwor, noch bevor sie überhaupt erfahren hatte, was diese Frau eigentlich genau vorhatte.

Ich studierte die Fremde genauer. Auf einmal kam sie mir eigenartig vertraut vor.

Und endlich begriff ich, wen ich vor mir hatte. Mein Mut entschied sich kurzfristig, im Angbarer See einen Tauchgang zu wagen. Das war einer der wenigen Augenblicke in meinem Leben, in denen es mir die Sprache verschlug.

Ein verhaltenes Lächeln kräuselte die Lippen der Alt-Herzogin aus dem Hause vom Großen Fluss, während sie uns mitteilte, dass sie darüber nachdachte, Aurane fortzuschicken und nur ihre Mitstreiter bei sich zu behalten, da sie mit einer Inquisitorin an ihrer Seite viel auffälliger sei. Selbst im flackernden Fackelschein erkannte ich, dass bei diesen Worten jegliche Farbe aus dem Antlitz meiner Freundin wich.

Schließlich zuckte die die Mutter des Herzogs die Schultern. »Wenn ihr schon einmal hier seid und mich an diesem verlas-

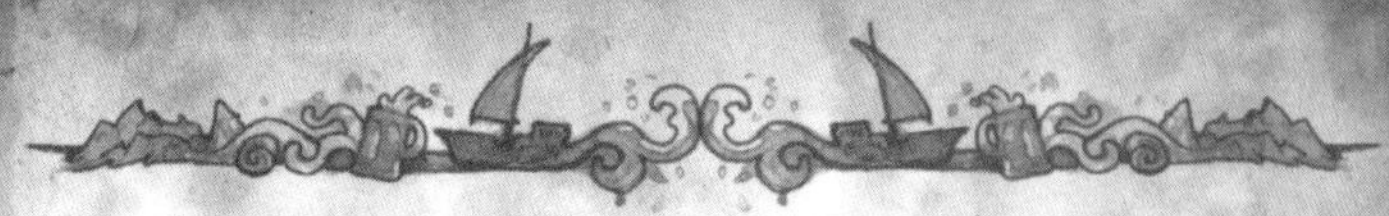

senen Ort gefunden habt, dann sollt ihr eben bleiben bis zum Ende. Dann ist es von den Göttern gegeben.« Sie ging ein paar Schritte auf und ab, dann fragte sie uns, ob wir Pferde hatten. »Zwei«, sagte Aurane.

Die Herzogenmutter musterte uns grüblerisch. Dann riet sie uns, mit den Tieren vorsichtig umzugehen. Ihr eigenes Pferd war bei dem Versuch, den Fluss trotz der zerstörten Brücke zu überqueren, schwer gestürzt. Sie hatte sich gerade so ans Ufer retten können. Der Körper ihres Reittiers war abgetrieben worden.

Meine scharfen Zwergenöhrchen hörten, wie Aurane leise ein Dankesgebet an die Götter murmelte, dass sie den Leichnam des Pferdes nicht vor der Begegnung mit der Herzogenmutter gefunden hatte.

Nach diesem Verlust, fuhr die Mutter des Herzogs fort, und angesichts eines unüberquerbaren Hindernisses hatte sie sich nach einem Unterschlupf umgesehen und war wie wir auf die Kapelle gestoßen. Dieser Ort, auf dem vermutlich immer noch Rondras Segen ruhte, war ihr wie ein Zeichen erschienen. Ein gutes Omen, dass ihr das baldige Gelingen ihrer Reise ankündigte.

So hatte sie einigermaßen unbesorgt von ihrem Proviant gezehrt und darauf vertraut, dass die Wassergewalt in ein paar Tagen nachlassen würde.

Idamil und ich teilten diese Einschätzung. Zur sichtlichen Erleichterung Ihrer Hoheit. Ich bewirtete am Abend alle mit

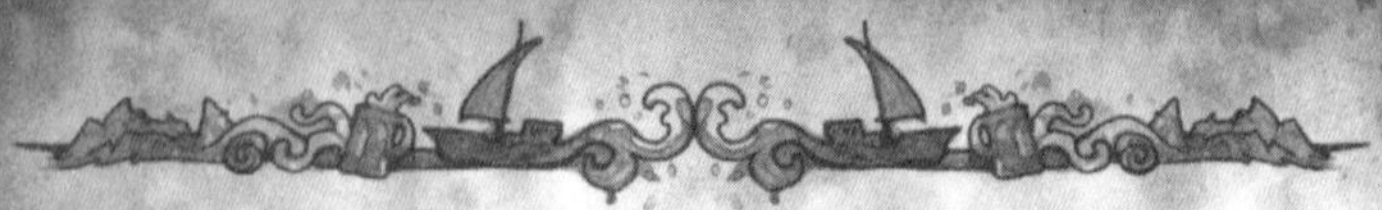

Buchweizeneintopf. Mir hängt der inzwischen schon zum Hals heraus, aber die Alt-Herzogin aß mit sichtlichem Appetit. Es war ihre erste warme Mahlzeit seit Tagen.

Diese Geschichte darf ich bestimmt später nicht weitererzählen. Aber es würde mir ohnehin keiner glauben, wenn ich sagen würde, dass ich in einer verlassenen Bergkapelle bei Koschtal der Mutter des Herzogs Hagrobald Buchweizengrütze gekocht habe.

In den folgenden Tagen und Nächten lebten und schliefen wir in der Kapelle. Aber wir richteten Wachwechsel bei den Pferden ein. Und wir lernten die Treppe hassen.

Idamil erjagte uns auf Geheiß ihrer Hoheit Kleinwild. Ein Auerhuhn, einen Hasen und sogar einen Otter. Dazu räuberte er noch ein paar Eier. Meine abendlichen Eintöpfe wurden sofort schmackhafter. Ich hatte nicht erwartet, dass auch Ihre Hoheit einen Anteil an unseren Wachschichten übernehmen würde, aber sie tat es mit bewundernswerter Gewissenhaftigkeit. Drei Tage haben wir so verbracht. Idamil vermutet, dass der Fluss morgen so weit abgeschwollen ist, dass wir eine Überquerung wagen können. Die rechte Stelle dafür hat er schon ausgekundschaftet.

So herrlich bizarr dieses Abenteuer auch ist, ich bin ganz froh, wenn ich diesen Ort verlassen kann. Früher oder später kriecht einem in so einem zugigen Gemäuer bei der Jahreszeit doch das Zipperlein in die Knochen. Sogar mir.

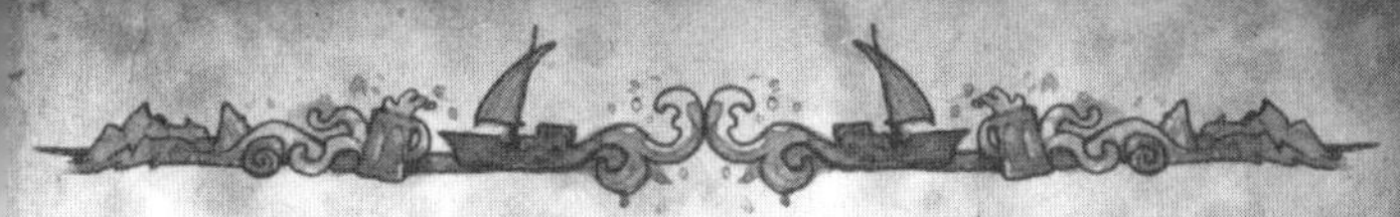

VIII

Er fiel bei Eslamsbrück

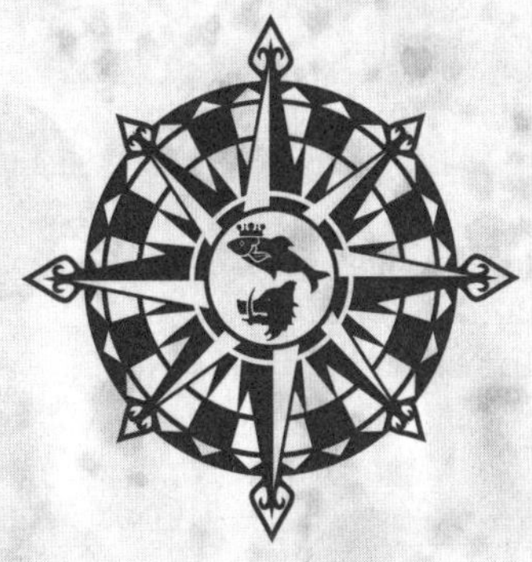

Aus den Aufzeichnungen der Inquisitorin Aurane von Weiseprein im Koschgau, 24. Peraine 1040 BF

Ich bin voller Glück und Erleichterung, dass ich Ihre Hoheit, die Alt-Herzogin, lebend und unversehrt finden konnte. Doch ist es mir noch nicht vergönnt, Seiner Hoheit vom Erfolg meiner Nachforschungen zu berichten. Vielmehr habe ich mich Ihrer Hoheit angeschlossen. Nur so kann ich ihre Sicherheit in dieser unwirtlichen Gegend gewährleisten.
Nach einer wetterbedingten dreitägigen Pause haben wir unsere Suche nach Madalind fortgesetzt. Wie störrische Bluthunde kleben wir an einer schwachen Spur, die längst kalt ist. Aber solange Ihre Hoheit nicht aufgibt, werde ich es auch nicht tun. Ich bewundere, wie sie alles mit großer Umsicht und tadelloser Haltung angeht, obwohl die Reise ihrer Konstitution sicher beträchtlich zusetzen muss. Sie ist nicht mehr die Jüngste und dennoch habe ich das Gefühl, dass sie weniger unter den Reisebedingungen leidet als ich.
Sie gehört zu jenen Menschen, die allein durch ihr kraftvolles Auftreten anderen Menschen bereits das Gefühl vermitteln, weich und schwach zu sein. Obwohl sie gar nicht so groß ist, fühlt man sich kleiner neben ihr.
Ich bemühe mich, so viel von ihrer ruhigen, entschlossenen Art zu lernen, wie ich kann. Ich selbst bin eine nervöse Natur. Zumindest haben mir das meine Freunde und meine Lehrer immer wieder gesagt. Wenn ich von jemandem lernen kann,

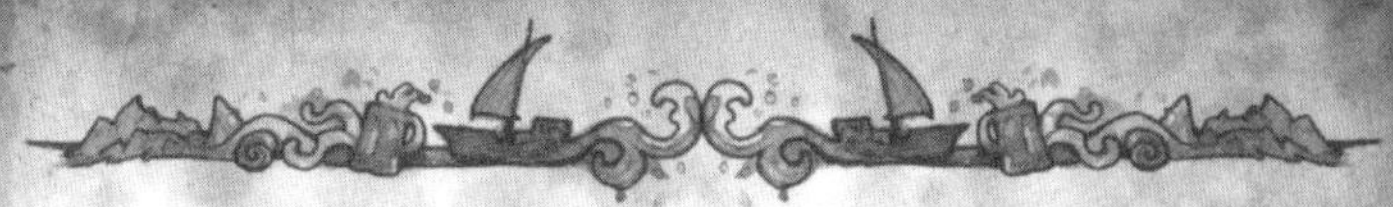

wie der Fels zu sein, auf dem Eilenwïd-über-den-Wassern errichtet wurde, und gleichsam so kraftvoll wie die Strömung des Großen Flusses, dann von der Alt-Herzogin.

Wir trugen in den Dörfern im Koschgau alle spärlichen Hinweise über den Wohnort der Trudwengers zusammen, bis wir schließlich am 21. Peraine endlich Ergebnisse erzielten. Ein alter Krambold wies uns den Weg zu einem Hof, im südlichen Koschgau in einem lebensfeindlichen Waldstück, genannt Krötensumpf, gelegen. Dort lebte eine alte Schäferin mit ihrer Tochter und ihrer Enkelin. Aber er warnte uns. Die Weiber, die da freiwillig lebten, seien alles Hexen.
Entsprechende Gerüchte über zauberische Weiber, die in den Krötensümpfen ihr Unwesen treiben und sich blasphemischen Riten hingeben, sind mir hinlänglich bekannt. Aber der Ort selbst flößte mir mehr Respekt ein als seine Bewohner.
Sümpfe waren heimtückisch. Oft wirkten sie nicht karg, sondern luden den Unvorsichtigen nachgerade dazu ein, die Beeren wilder Sträucher zu sammeln oder Pilze zu suchen. Aber alles war von Feuchtigkeit durchsetzt, und der nasse Grund unter den Füßen konnte allzu schnell nachgeben, und wem solches widerfuhr, der kehrte höchst selten aus dem Moor wieder zurück. In den Morgen- und Abendstunden verwirrten Nebel die Sinne, und bei Nacht lockten Irrlichter ihre arglosen Opfer ins Verderben. Und das alles nur, wenn man nicht vorher schon auf eine Kröte getreten und an ih-

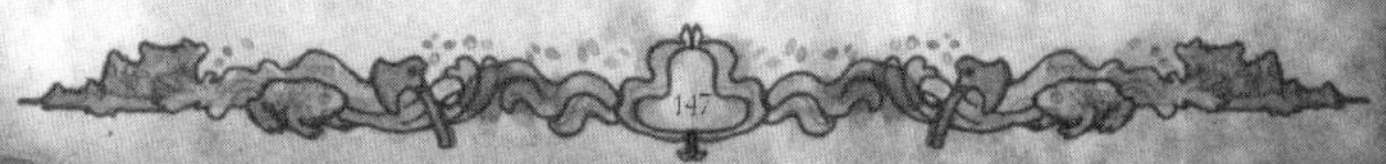

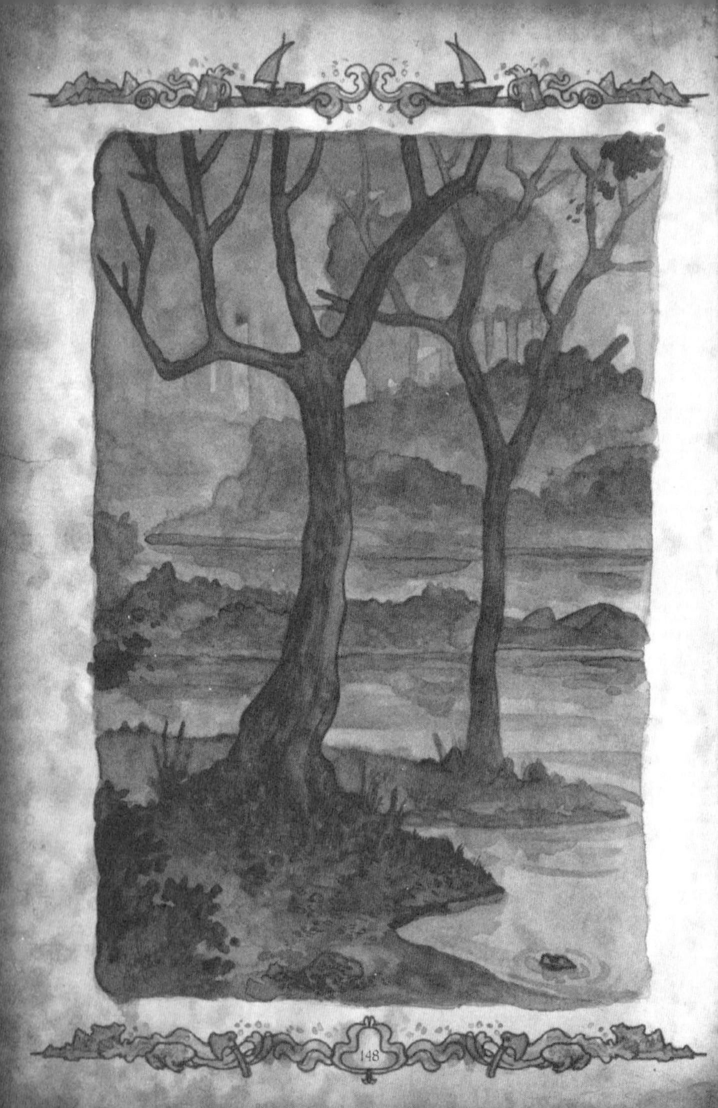

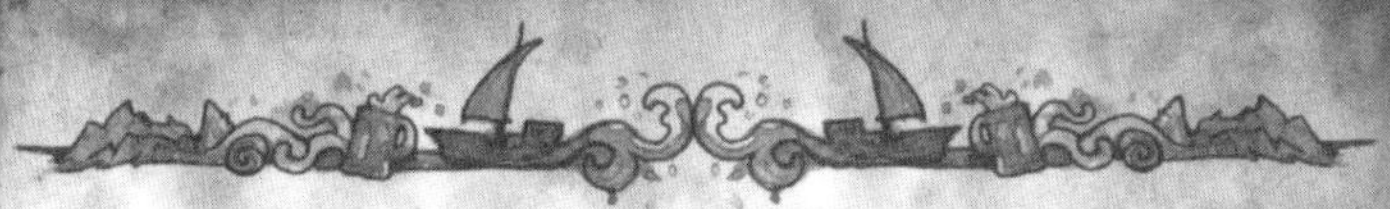

rem hochpotenten Gift verstorben war. All dies und noch viel mehr erzählte man sich über die Krötensümpfe. Wenn auch nur die Hälfte der Legenden stimmte und diese Frauen, möglicherweise ja tatsächlich Hexen, einen Weg gefunden hatten, im Einklang mit dieser Einöde voll beklemmender Nässe und Gift zu leben, dann boten ihnen die Sümpfe den perfekten Schutz.

Wir wagten uns trotz allem hinein. Einmal mehr erwies sich Idamil als unschätzbare Hilfe, denn er kannte sich ein wenig mit dem Leben in Sumpfgebieten aus. Seine Hinweise retteten unser aller Leben. Mehrmals.

Schließlich fanden wir nach zwei Tagen des Umherirrens in einem dunklen, unheimlichen Wald voller Moorlöcher und stinkender Schwefelquellen tatsächlich das beschriebene Gehöft. Wahrscheinlich war es einmal von Torfstechern errichtet worden. Dort fanden wir eine junge Frau mit ihrem Kind vor. Sie entsprach der Beschreibung, die wir in Nordgratenfels erhalten hatten, in jeder Hinsicht. Als wir sie nach ihrem Namen fragten, gab sie sich keine Mühe, ihn zu leugnen. Doch sie schien uns vom ersten Moment an feindlich gesinnt, besonders mir gegenüber. Bis auf das Kind war sie allein auf dem Hof. Ihre Mutter war mit den Schafen unterwegs, wie sie uns sagte.

Ihre Hoheit kam schnell zur Sache und sprach Madalind direkt auf die Helmzier an.

Die junge Magd zeigte sich verwundert und noch immer sehr misstrauisch. Und als die Alt-Herzogin die Herausgabe des

Heimkleinods verlangte, weigerte sie sich einfach. Einen Augenblick lang glaubte ich beinahe, Ihre Hoheit würde zum Schwert greifen, um sich Zutritt zu der Hütte zu verschaffen, in deren Tür Madalind noch immer stand. Doch da greinte das Kind, und die junge Mutter eilte zur Wiege.

Ihre Hoheit nutzte die Gelegenheit und trat ein. Ich wollte ihr folgen, doch die Alt-Herzogin blieb wie berückt stehen. Madalind hob ihr Kind aus dem Bettchen, um es schützend in ihren Armen zu wiegen. Dabei beobachtete sie jede Bewegung ihrer unerbetenen Besucherin genau.

Die Alt-Herzogin starrte mit Ehrfrucht auf einen Gegenstand der auf einen kleinen Tisch eingerahmt von Frühlingsblüten und Duftkräutern ruhte. Ein blühender Kirschzweig, auf filigranste Weise aus den Gebeinen eines Mammuts geschnitzt, jede einzelne Blüte mit rosafarbenem Gold überzogen. Er war wunderschön anzusehen. Doch er war in solch einer kleinen, dunklen Kate fehl am Platz. Er gehörte fraglos auf einen Helm, ins Sonnenlicht.

Ihre Hoheit streckte die Hand aus. Unvermittelt hielt Madalind plötzlich einen Besen wie eine Waffe in der ausgestreckten Hand. Im anderen Arm trug sie noch immer ihr Kind. »Keinen Schritt weiter«, drohte sie. Draußen fing der alte Koscher Sennenhund, der das Hoftor bewachte, wie verrückt an zu bellen. Die Holzwände des Hauses bebten. Ein paar Werkzeuge fielen von ihren Wandhaken. Draußen huben zahllose Krötenstimmen jäh zu einem dumpfen Quaken an.

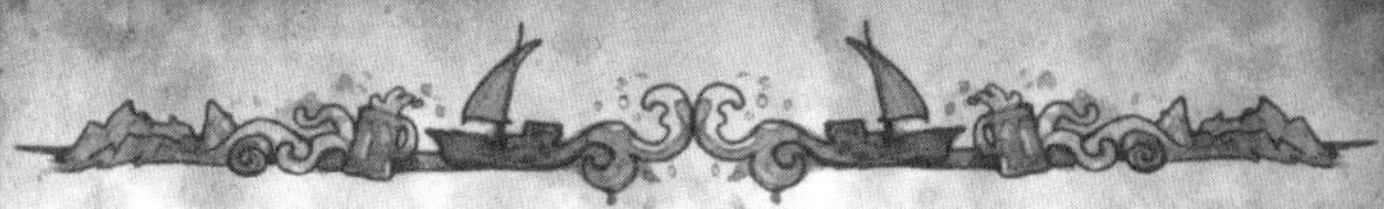

Obwohl der Besenstil drohend in ihre Richtung zeigte, wich die Alt-Herzogin keinen Fingerbreit zurück. Sie erklärte der jungen Frau mit bedrohlicher Ruhe, dass dieses Kleinod nicht in ihre Hände gehörte, sondern Eigentum der Familie vom Berg und vor langer Zeit verloren gegangen war.
Die junge Frau stieß ein schrilles Lachen aus. »Verloren?«, äffte sie die Alt-Herzogin nach. »Verschenkt wurde es«, stieß sie hervor. »Und Geschenke holt man nicht zurück!«
Ihre Hoheit fragte nach Beweisen für diese Behauptung.
Diese Forderung schien die junge Mutter nur wütender zu machen. Sie müsse gar nichts beweisen, fauchte sie. »Aber einer deiner Vorfahren«, sie deutete noch immer auf die Alt-Herzogin, »hat das meiner Vorfahrin geschenkt.«
»Weil sie ihn behext hat?«, konterte Ihre Hoheit grimmig.
»Weil er sie geliebt hat«, rief die Magd, die weit mehr war als eine normale Magd. »Sie haben sich geliebt, und er hat ihr eine Erinnerung geschenkt. Weil eure verfluchten Traditionen nicht zulassen, dass ein Adliger eine Frau wie mich lieben darf.«
»Du gehst zu weit«, donnerte Grimberta.
»Und ich gehe noch viel weiter, wenn du diesen Zweig berührst«, drohte die Hexe.
»Ich werde ihn mit mir nehmen«, bekräftige Ihre Hoheit.
»Dafür musst du erst an mir vorbei!«
»Du hast ein Kind, gefährde es nicht.«
»Und du hast auch Kinder, die können verflucht werden. Und ich werde sie verfluchen. Dich und deine Sippe, mit

meinem sterbenden Atem, wenn es sein muss. Und ich werde all meine verbliebene Macht dafür einsetzen, dass ihr die Sümpfe nie wieder lebend verlasst.«

Ich hatte bisher nicht gewagt, mich einzumischen, aber nun bekam ich es mit der Angst zu tun. Das Wohlergehen des Hauses vom Großen Fluss stand ebenso auf dem Spiel wie das Leben eines Kindes. Ich musste eingreifen. Ohne einen wirklichen Plan im Kopf oder eine Waffe in meiner Hand zwängte ich mich an der Alt-Herzogin vorbei in die Hütte.

Dann schlug ich die Stimme an, die meinen Ausbildern am Rechtsseminar immer so gefallen hatte. Die ruhige, freundliche, aber zugleich auch klare Vorlesestimme, mit der ich die kompliziertesten Gesetztestexte referiert hatte.

Und während ich darüber nachdachte, welche Worte ich wählen sollte, fand ich plötzlich den Schlüssel zu Madalinds Wut. Sie hatte »wie mich« gesagt. Nicht »wie meine Großmutter«, sondern »…dass ein Adliger eine Frau wie mich lieben darf«.

Wie mich.

Ich sagte ihr auf den Kopf zu, dass dieser Kirschzweig mehr als ein Erinnerungsstück für sie war. Dass er noch für etwas anderes stand. Und dass es an der Zeit war, zu offenbaren, was sie dazu bewegte, ihr Leben und das ihres Kindes für dieses Schmuckstück aufs Spiel zu setzen.

Ihre Augen begannen feucht zu schimmern, und ich weiß nicht genau, was es war, dass sie zum Sprechen brachte.

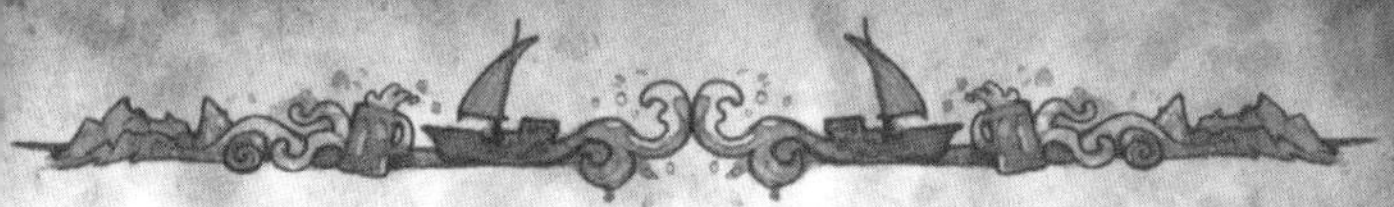

Ich würde mir gern einreden, dass in diesem Augenblick Praios' wohlwollender Blick auf mir ruhte und die Wahrheit aus ihr herauskitzelte, so wie die Ifirnsglöckchen die ersten grünen Blattspitzen aus der graunassen Schneedecke hervorreckten. Doch, ich wage nicht, mir so viel Selbstlob anzumaßen. Also begnüge ich mich mit dem Erfolg, den ich hatte.
Madalind begann, uns ihre Geschichte zu erzählen. Und die von Ritter Traviard von Weidensang, der Madalind geliebt hatte und bei Eslamsbrück gefallen war. Das Haus vom Großen Fluss hatte ihn an die Front geschickt, aber nichts getan, um sein Leben zu retten oder wenigstens seinen Körper nach Hause zu bringen. Und nun war ihr nicht einmal die Gewissheit geblieben, dass er eine angemessene Bestattung erhalten hatte und seine Seele in Frieden aus dem Diesseits scheiden konnte.
»Es ist nicht gerecht«, stieß Madalind hervor. »Dass ihr den Sieg bekommt und mein Liebster nicht einmal eine Bestattung.«
Die Alt-Herzogin wurde grau im Gesicht. Auf einmal wirkte sie so alt, wie sie war. »Nun gut«, sagte sie schließlich. Jedes Wort wog schwer, als solle ihr Ruf bis in Borons düstere Hallen vordringen. »Ich verspreche dir hier und heute, jemanden zu senden, der die Gebeine des Ritters Traviard von Weidensang für eine anständige Bestattung in der Heimat zurückbringt, sodass du dich verabschieden und sein Grab besuchen kannst. Ich werde nicht ruhen, bis das geschehen ist. Doch dafür gibst du mir das Helmkleinod. Du brauchst es nicht. Es

ist das Symbol einer längst vergangenen Liebe. Deine eigene Liebe wird ihren eigenen Ausdruck finden.«

Madalinds Gesicht war wie aus Stein gemeißelt. Doch nun rannen ihr Tränen über die Wangen. »Du versprichst es?«

»Ich verspreche es. Dir und deinem Kind soll nichts geschehen. Solang du dich und deine Magie aus den Nordmarken fernhältst.«

Madalind grübelte. Ihre Tochter hielt sie dabei fest an sich gepresst. Die Kleine wurde unruhig, wollte sich frei strampeln. »Was sagst du dazu?«, wisperte die Hexe zu ihrer Tochter. »Sollen sie Vater nach Hause holen?« Jäh wand sich das muntere Kind in ihren Armen und sah uns alle neugierig an. Dann streckte es die Hände nach der Alt-Herzogin aus.

Madalind seufzte. Endlich sagte sie die alles entscheidenden Worte. »Nun gut. So soll es sein.«

Als ich später an der Seite der Alt-Herzogin aus dem Koschgau in Richtung der Ambossberge ritt, um kurz hinter Uztrutz den Große Fluss zu überqueren und wieder auf die Reichstraße nach Albenhus einzuschwenken, die Helmzier im Gepäck, fiel es mir schwer zu glauben, dass das alles wirklich geschehen war.

Dass wir eine Hexe hatten laufen lassen. Dass wir sogar eine Abmachung mit ihr getroffen hatten. Und dass ich das Gefühl nicht loswurde, dass gerade dieser verrückte Handel die bestmögliche aller Lösungen darstellte. Wir hatten nicht alles

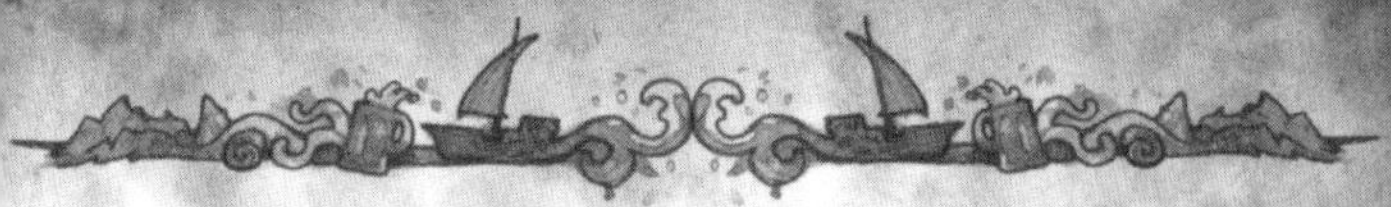

erreicht, was das Lehrbuch fordern mochte. Aber wir hatten viel erreicht. Der Alt-Herzogin ging es gut. Die Helmzier kehrte nach Hause, Feligra und Idamil ebenfalls. Niemand war verletzt worden. Nicht einmal die Hexe, die sich zwar ungebührlich benommen, aber uns sonst nichts Böses getan hatte. Und eine verlorene Seele würde aus den Schattenlanden nach Hause geleitet.

Doch das ist ein anderes Abenteuer, für andere Helden.

Als ich die Alt-Herzogin fragte, warum sie Odrud in Gratenfels zurückgelassen hatte, zuckte sie schmunzelnd die Achseln. Sie hatte das arme Ding nicht unnötig in der Wildnis in Gefahr bringen wollen. Hauptsächlich hatte sie ihre Zofe ja zum Plaudern mitgenommen, wie sie mir gestand.

Ich beschloss, die gute Laune Ihrer Hoheit noch ein wenig auszunutzen und wagte den Vorstoß, sie auf die Helmzier anzusprechen. Ob ihr tatsächlich eine wundersame Kraft innewohne? Die Alt-Herzogin lächelte geheimnisvoll. »Das, meine Liebe Aurane, werden wir zu gegebener Zeit herausfinden.«

Aber auch das ist eine andere Geschichte für andere Helden.

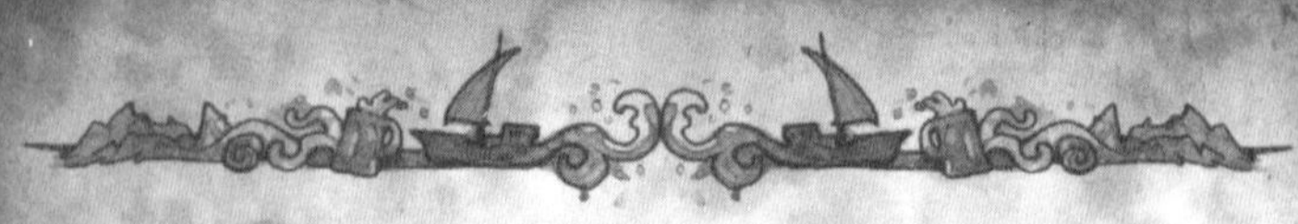

Feligras Tagebuch

Du liebes gutes Büchlein,
endlich bin ich wieder in Angbar. Wie schön das ist, kann ich gar nicht in Worte fassen. Den letzten Teil unserer Reise werde ich nicht mehr aufschreiben. Nicht nur, weil ich von höchster Stelle verpflichtet wurde, keinerlei Zeugnis in jedweder Form über die Ereignisse abzulegen, sondern zum anderen, weil es mir ohnehin niemand glauben würde. Einfach niemand. Ich muss mich mit der Erinnerung in meinem Kopf begnügen. Aber einen Valpoldinger habe ich immer noch nicht gesehen.
Eines kann ich nur sagen: Ich reise ja gern, aber zu Hause schmeckt das Bier immer noch am besten!

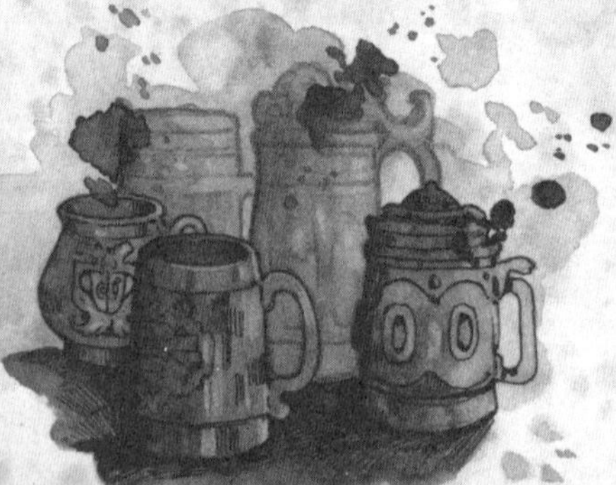

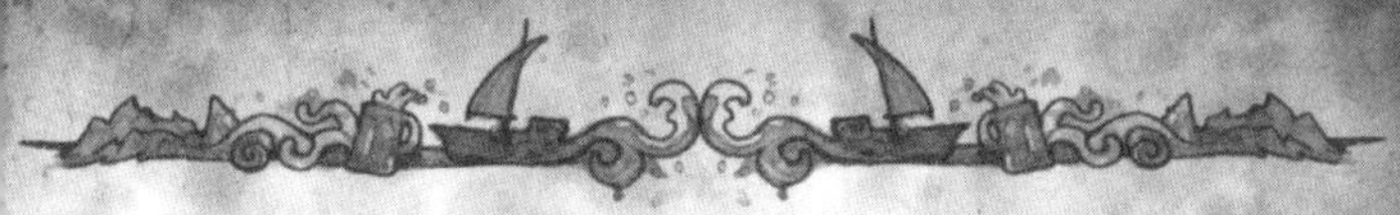

Glossar

Götter & Jahreslauf

In der Welt des Schwarzen Auges beginnt das Aventurische Jahr, häufig Götterlauf genannt, im Sommer. Jeder Monat ist nach einem der Zwölfgötter benannt und hat 30 Tage. Die verbliebenen fünf Tage zwischen den Jahren werden dem Namenlosen Gott, dem Widersacher der Zwölfgötter, zugeschrieben und gelten als unheilbringend.
Bis heute bestimmend für die aventurische Zeitrechnung ist die Zerstörung Bosparans, der Hauptstadt des Alten Reiches. Aventurische Ereignisse werden meist mit v.BF (vor Bosparans Fall) oder BF (nach Bosparans Fall) datiert.

Gottheit	Monat	Aspekte
Praios	Juli	Sonne, Recht und Gesetz, Herrschaft, Ordnung, Himmelsrichtung Süden
Rondra	August	Krieg, Ehre, Zweikampf, Tapferkeit, Sturm
Efferd	September	Wasser, Meer, Regen, Fischfang, Seefahrt
Travia	Oktober	Gastfreundschaft, Heimat, Treue, Herdfeuer, eheliche Liebe
Boron	November	Tod, Schweigen, Vergessen, Schlaf, Träume
Hesinde	Dezember	Weisheit, Magie, Wissenschaft

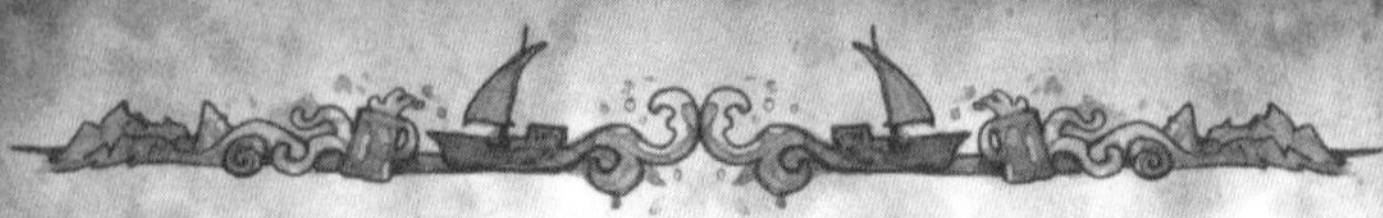

Firun	Januar	Winter, Jagd, Eis, Natur, Entbehrung
Tsa	Februar	Wandel, Schöpfung, Neubeginn, Geburt, Friedfertigkeit
Phex	März	Glück, Handel, List, Humor, Diebe, Sterne
Peraine	April	Fruchtbarkeit, Ackerbau, Pflanzen, Heilkunst
Ingerimm	Mai	Handwerk, Schmiede, Erz, Feuer, Fleiß, Beständigkeit
Rahja	Juni	Liebe, Harmonie, Lust, Rausch, Ekstase
Der Namenlose	Namenlose Tage	Macht, Verrat, Heimtücke, Zerstörung, Widersacher der Zwölfe

Auch die **Himmelsrichtungen** werden häufig aber nicht ausschließlich nach den Göttern benannt: PraioS (Süden), FiruN (Norden), Efferd (Westen) und Rahja (Osten).

Alagrimm: mächtiges Elementarwesen in der Gestalt eines Adlers
Albenhuser Bund: Kaufmannsbund der Nordmarken, des Koschs und Albernias
Angroschim: Eigenbezeichung des Zwergenvolks
Angroschna: Zwergin
Angroschsbock: ein zwergisches Bier, das im Monat Ingerimm ausgeschenkt wird

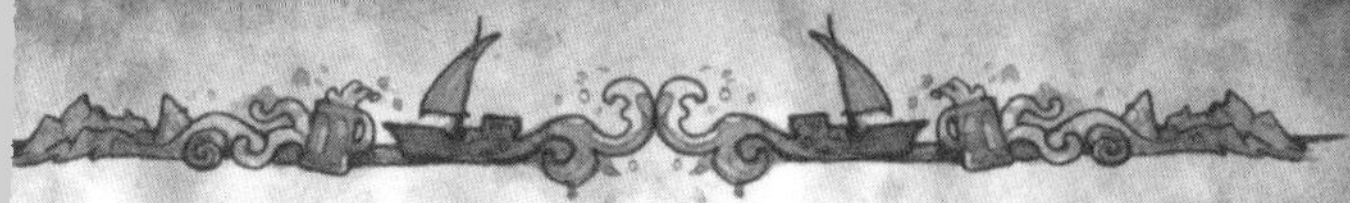

Atebrox: zwergische Münzeinheit, entspricht zwei Hellern
Balthasar Balthusius: berühmter Forscher und Kristallomant aus Gratenfels
Barom: zwergisches Wort für Bier
Dicker Eppo: Bergfried der Burg Eilenwïd-über-den-Wassern
Donnernde: Beiname Rondras
Elenviner Zungenkrauser: aus mehreren Rebsorten gepanschter Billigwein
Fürstkomturei Tobimora: Tobrien unter der Herrschaft des Heptarchen Helme Haffax
Fürstlich Gnaden: Sommerfest in Angbar
Garoschem: zwergischer Gruß
Götterlauf: Jahr
Golgari: Halbgott, der die Seelen der Verstorbenen ins Totenreich trägt
Greifenspiegel: nordmärkische Gazette
Grolm: magisch begabtes Wesen, das gern üblen Schabernack treibt
Grüne Ritterin: Sagengestalt der Nordmarken
Grut: Kräutermischung zum Würzen eines Biers
Himmelskönig: Beiname Praios'
Horasierkrankeit: eine Geschlechtskrankheit
Ifirnsglöckchen: Schneeglöckchen
Ihre/Euer Ehren: Anrede für eine Akoluthin / einen Akoluthen

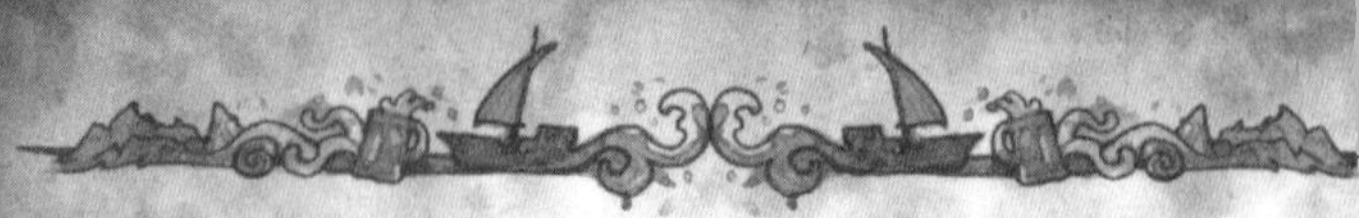

Ihre/Euer Hochgeboren: Anrede für eine Baronin / einen Baron

Ihre/Euer Hoheit: Anrede für eine Herzogin / einen Herzog

Ingerimmsstunde: 22 Uhr bis 23 Uhr

Kaiser Valpos Entzücken: beliebtes Trinkspiel, das schon viele Opfer gefordert hat

Koschammer: Singvogel im Kosch, dessen Zunge als Delikatesse geschätzt wird

Krambold: reisende Händler, die ihre Waren in einer großen Kiepe auf dem Rücken tragen

Kupperus: Lokalheiliger, der für guten Schlaf sorgen soll

Leuin: Beiname der Rondra

Maische: vorbehandelter Getreidebrei, wichtige Grundlage des Brauvorgangs

Praiosscheibe: Sonne

Prinz Arlan: Kronprinz von Weiden

Rabbatzmann: sagenumwobener Bergriese

Rechtsschule: gemeint ist die dem Praiostempel angegliederte Rechtsschule in Elenvina

Sennenhunde: auch Koscher Sennenhunde; große, massige Hütehunde

Schwester: Beiname Satuarias

Steigerleut: siehe Krambold

Valpoldinger: putzige Chimäre, wird sehr selten gesichtet

Zwergischer Brokat: sehr wertvoller Brokat aus zwergischer Herstellung